U0518862

幼儿园
快乐活动与游戏

分司厅幼儿园 付春香◎主编

知识产权出版社
全国百佳图书出版单位

图书在版编目（CIP）数据

幼儿园快乐活动与游戏/付春香主编. —北京：知识产权出版社，2017.10

ISBN 978-7-5130-5071-5

Ⅰ.①幼… Ⅱ.①付… Ⅲ.①体育游戏—学前教育—教学参考资料 Ⅳ.①G613.7

中国版本图书馆 CIP 数据核字（2017）第 194675 号

内容提要

本书包含集体活动与游戏两部分，使用图解和讲解相结合的方式，对传统的民俗体育游戏进行整理、改编、开发、创新，与幼儿的发展特点相结合，提高其趣味性；采用师生共同参与的开放式、启发式的教学模式，重点拓展研发幼儿在预设的主题情境下开展体育活动与游戏，逐渐感知各项运动动作的基本要领，促进幼儿身体素质均衡全面发展，是适合初等幼儿教育的参考用书。

责任编辑：刘琳琳　　　　　　　　　　责任出版：刘译文

封面设计：邵建文

幼儿园快乐活动与游戏

分司厅幼儿园　　付春香　主编

出版发行：知识产权出版社 有限责任公司	网　　址：http://www.ipph.cn		
社　　址：北京市海淀区气象路 50 号院	邮　　编：100081		
责编电话：010-82000860 转 8390	责编邮箱：susan-lin886@sohu.com		
发行电话：010-82000860 转 8101/8102	发行传真：010-82000893/82005070/82000270		
印　　刷：北京嘉恒彩色印刷有限责任公司	经　　销：各大网上书店、新华书店及相关专业书店		
开　　本：787mm×1092mm　1/16	印　　张：9		
版　　次：2017 年 10 月第 1 版	印　　次：2017 年 10 月第 1 次印刷		
字　　数：150 千字	定　　价：39.00 元		

ISBN 978-7-5130-5071-5

目　录

体育活动

体育游戏

体育活动

快乐的小螃蟹

设计教师：丁宁

活动名称：快乐的小螃蟹

适用班级：小班

活动目标

1.尝试练习同手同脚侧身爬行的动作，提高爬行中身体的协调性。

2.喜欢参加情境游戏活动，感受扮演螃蟹做爬行游戏的乐趣。

活动准备

经验准备：在幼儿掌握正面手膝爬行动作的基础上进行；观看螃蟹运动的视频。

物质准备：体操垫、粘球衣、橡塑球、红绿即时贴。

重点

体验不同形式爬行的乐趣，尝试同手同脚侧身爬过垫子完成任务。

难点

侧身爬时如何控制身体，爬行动作平稳协调。

活动过程

（一）开始部分

幼儿听《快乐的小螃蟹》音乐，做热身运动。重点练习同侧手脚共同运动的动作。

（二）进行部分

1. 教师创设游戏情境，请小朋友学小螃蟹在体操垫上爬一爬。

重点提示：小螃蟹是横着爬的，爬的时候是先出一侧手脚，另一侧手脚再跟上。

2. 幼儿模仿螃蟹做爬行动作，感受同手同脚爬行的方法。

教师引导幼儿在情境游戏体验中找到侧身爬行的规律。

3. 借助颜色贴为参照物，熟悉掌握同手同脚侧身爬的运动方式。

教师带领幼儿观察同侧手脚贴的颜色标志，知道侧身爬时需将同色标记的手脚同时迈出，另一个颜色再同时跟上并齐。

4. 创设情境——"勤劳的小螃蟹"，运用已有经验再次完成新游戏任务，体验游戏的快乐。

幼儿模仿小螃蟹侧身爬到对面，捡一个豆豆粘在身上爬回来。重点指导幼儿同手同脚的动作。

（三）结束部分

请小螃蟹把捡到的豆豆运到教室里面，根据豆豆的颜色分类收放。

活动延伸

幼儿通过练习提高协调性之后，教师可以引导幼儿尝试倒退爬等其他不同爬的形式，提高幼儿的兴趣。

活动反思

有情境的游戏、模仿小动物的游戏更容易激发小班幼儿的活动兴趣。教师为幼儿设计的"快乐的小螃蟹"深受孩子们的喜爱。但是小班幼儿在身体协调性上并不十分灵活，特别是手脚协同运动的动作，孩子们存在一定的困难。为了让幼儿更清楚、更直观地理解同手同脚侧身爬的动作要领，我在幼儿同侧手脚上贴上同种颜色的圆点作为提示。这种提示很直观，孩子们在练习中能很快按照圆点的提示，掌握动作。但是在侧身爬的时候还出现了另外一个问题，那就是上肢与下肢的幅度不一样，上肢迈动的幅度大、下肢迈动的幅度小，爬着爬着就会出现身体斜过来的情况。根据此问题，教师还要组织幼儿多加练习，学习控制上下肢的运动幅度，使侧身爬的动作更协调。

02 小小消防员

设计教师：丁宁

活动名称：小小消防员

适用班级：小班

活动目标

1. 幼儿尝试持物过平衡器械时，能平稳地控制自己的身体，提高身体的平衡及协调的能力。

2. 敢于尝试游戏动作，感受与同伴一起参与情境游戏时的快乐。

活动准备

经验准备：幼儿有徒手走过各种平衡器材的体验。

物质准备：单元砖、单元桥、橡塑球、体能棒、手脚印、平衡木、踩踏石、小桶、毛绒玩具、自制大树等。

重点

能比较平稳地通过各种类型的平衡类器材。

难点

体验持物通过平衡器材时，如何保持身体平稳，同时物体不掉落。

活动过程

（一）开始部分

队列练习：幼儿听音乐进行踏步，队列变换。提示幼儿摆臂、抬腿、有精神。

准备活动：听儿歌模仿大公鸡，练习单脚站立，感受平衡的方法。

（二）进行部分

1. 谈话引出游戏情景，鼓励幼儿走过小桥帮助救出火灾中的小动物。

情境导入："小消防员需要通过小桥，才能到达大森林，想一想该如何安全救出小动物呢？"

2. 鼓励幼儿凭自己意愿选择不同的小路，使幼儿巩固了解过平衡桥的方法。

（1）指导语：请小朋友看看，这三条路有什么不同？你可以用什么方法走过去？

（2）幼儿自己选择小路，过桥完成救助任务。

教师指导幼儿如何走稳，到森林里面救一只小动物回来。

（3）教师帮助幼儿总结：走的时候，眼睛看着脚下，一步一步走，双手平举保持平衡。

3. 运用已有经验进行新游戏——"勇敢的消防员"，使幼儿能在平衡器械上持物平稳地行走。方法：请幼儿手持装有少量清水的小桶，通过小桥，到对面扑灭森林大火。提示幼儿保持脚下平稳，过桥的时候不让水洒出来。

4. 同伴间交流游戏心情，激发幼儿帮助大森林灭火的热情。

（三）结束部分

庆祝大火扑灭，分享顺利完成任务的愉快心情。

自然结束。

活动延伸

在户外循环区内设置平衡类游戏，巩固幼儿平衡能力。

活动反思

本班孩子有走平衡木的经验，在平时户外活动中，教师组织过孩子们尝试过平衡木，孩子们能在教师的保护下，顺利地通过平衡木。基于这样的能力基础，我设计了持物过平衡木的游戏——"小小消防员"。在这个活动中，因为持物过桥比空手过桥难度高，所以我分不同层次进行了材料投放，对于持物过平衡木有困难的幼儿，可以选择相对比较容易的平地过桥游戏，例如：通过小脚印、绕过单元桶、跨过火堆，等等。考虑到游戏要有真实性、兴趣性，我为幼儿提供了真实的小水桶，并让孩子们装上少量清水进行游戏。孩子们看到真实的材料，兴致都非常高，都能积极参与游戏。考虑到孩子们的能力，对于泼水动作没有相关经验，我鼓励幼儿邀请几名看课老师，帮助他们完成灭火任务。在老师们的协助下，孩子们基本能顺利完成任务，并在持物过桥的动作方面，有了很大的提高，既能保证不从平衡木上摔下来，同时能做到水不洒。活动中，大部分幼儿对单元桥不敢尝试，更多幼儿习惯性选择熟悉的线路，我就及时鼓励孩子们尝试单元桥，并在旁边进行保护，让孩子们放心大胆地尝试。有的幼儿初次尝试持物过桥，还有些害怕，因此在速度上比较慢，教师也鼓励他不要着急，慢慢尝试。孩子们都非常兴奋，喜欢玩，在平衡能力上也得到了一定的提高。

03 小松鼠的甜甜糖果

设计教师：董沫菡

活动名称：小松鼠的甜甜糖果

适用班级：小班

活动目标

1. 借用绳子做障碍，尝试各种跳跃的方式，锻炼游戏中身体的协调能力。

2. 对不同的游戏材料感兴趣，在活动中体验游戏带来的快乐。

活动准备

经验准备：知道跳绳是一种可以用来运动的器械，能够用正确的方法收放跳绳。

物质准备：跳绳、音乐、场地。

重点

能运用各种跳跃的方式参与游戏活动。

难点

在不同的小路上跳跃，通过时尽量保持身体的灵活协调性。

活动过程

（一）开始部分

播放音乐，队列入场；幼儿跟随教师做动作。

（二）活动部分

1. 创设游戏情境——"好玩的绳子"，初步了解绳子可以用来做各种游戏。

（1）幼儿自由尝试用跳绳进行游戏的不同玩法，和同伴们分享。

（2）教师帮助幼儿总结绳子的玩法，同时进行安全自护的教育。

2. 第二次开展游戏情境——"寻找派对糖果"，幼儿能够选择双脚连续跳的方式平稳行进通过小路。

指导语："动物王国要开'森林派对'，每个小动物都要带上自家的好吃的，可是小松鼠发愁了，她想给大家带好吃的糖果，可是家里的糖果不够多，她想请我们班的小朋友帮助她找糖果，你们可以帮助她吗？"

3. 第三次创设游戏情景——"找糖果"，幼儿采用以往经验，选择不同的路线行进连续跳跃练习，提高动作的协调性。

创设两条路线：

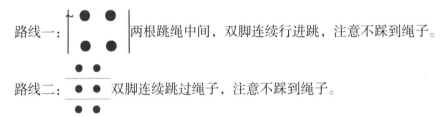

路线一：两根跳绳中间，双脚连续行进跳，注意不踩到绳子。

路线二：双脚连续跳过绳子，注意不踩到绳子。

指导语：哇！你们都找到糖果了吗？谁想帮助小松鼠把糖果送到她家里？可是去小松鼠家的路特别难走，谁愿意完成这项任务？

4. 开展游戏情景"给小松鼠送糖果"，在不同小路上体验左右交替跳的方式，感受各种跳跃游戏的乐趣。

创设两条路线：

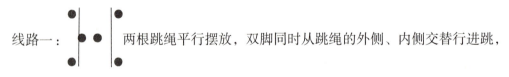

线路一：两根跳绳平行摆放，双脚同时从跳绳的外侧、内侧交替行进跳，注意不踩到绳子。

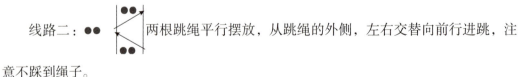

线路二：两根跳绳平行摆放，从跳绳的外侧，左右交替向前行进跳，注意不踩到绳子。

大家把糖果送到小松鼠的家里，快乐返回。

（三）结束部分

教师带领幼儿有序收放游戏材料，随轻松音乐做律动。

延伸活动：请幼儿讲解你是用什么方法为小动物送礼物的，然后用自己喜欢的形式表现出来。

在本次活动中，我选择了孩子们没有玩过的跳绳，先让孩子们进行尝试如何玩跳绳，然后利用情景模式的游戏带领幼儿为小松鼠找糖果和给小松鼠送糖果，培养幼儿帮助别人、养成乐于助人的好习惯，感受帮助别人带来的乐趣。在活动中，锻炼幼儿跳跃的能力，也能够锻炼幼儿身体的平衡能力。

04 小兵，向前冲

设计教师：董沫菡

活动名称：小兵，向前冲

适用班级：大班

活动目标

1. 体验匍匐爬时全身贴地面，四肢交替带动身体向前移动的动作要领，提高游戏中身体动作的灵活协调性。

2. 愿意挑战集体竞赛游戏活动，体会游戏成功后的快乐。

活动准备

1. 经验准备：幼儿有在垫上运动游戏的前期经验。

2. 物质准备：椅子、桌子、体操垫、铃铛、音乐。

活动过程

（一）开始部分

1. 教师带领幼儿做准备活动：律动游戏——"勇敢的小士兵"。

重点：活动四肢动作及全身体的拉伸动作。

2. 情境导入："我们的小士兵真精神呀！今天咱们需要体验一种新的爬行动作，去完成一项重要的任务。你们都准备好了吗？"

（二）进行部分

1. 观看解放军匍匐爬的动作视频，激发幼儿想尝试游戏的愿望。

指导语："咱们先看看解放军叔叔是怎么完成这项艰巨的任务的呢？"

2.游戏活动——"战前演习"，引导幼儿尝试使用匍匐爬的方式通过电网，初步体验匍匐爬动作的过程。

（1）第一次进行游戏活动，激发幼儿游戏的兴趣，让幼儿交流匍匐爬动作中的不同感受。

（2）分小组分散尝试匍匐爬过垫子的动作。

3.运用已有经验进行新游戏——"士兵闯关"，重点体验全身贴地面，四肢交替带动身体向前移动的匍匐爬动作。

（1）交代"士兵闯关"第一关的游戏情景，运用前期经验尝试体验游戏过程。

幼儿分组，各自搭建电网，进行游戏练习。

（2）师生一起聊聊匍匐爬快速通过垫子不碰响铃铛的窍门及游戏心得，幼儿收获分享游戏经验与感受。

（3）自然进入"士兵闯关"第二关的游戏情景，提高游戏中障碍的难度，幼儿提取已有经验后再次分组挑战游戏。

游戏要求：

A.在幼儿熟练掌握匍匐爬的动作时，可将椅子搭建的"电网"连起来变长。

B.通过"电网"时尽量不将铃铛碰响。

C.激励幼儿用匍匐爬的动作坚持爬到终点。

（三）结束部分

听音乐《咱当兵的人》放松身体，幼儿自主整理场地与器械。

自然结束。

延伸活动

请幼儿自行设计下次游戏时不同障碍的游戏方案。

活动反思

本节室内体育游戏活动，锻炼幼儿练习匍匐爬的基本动作，掌握全身贴地面，四肢交替带动身体向前移动，提高动作的协调性和灵活性。活动开始时通过情景导入，帮助幼儿更快地进入到活动中来，请幼儿扮演小士兵，来贯穿整节体育活动，这样既吸引了幼儿的注意力，又吸引幼儿喜欢参加体育活动。

幼儿刚开始用自己的好办法过电网，因为开始想设置得稍微简单一些，不过用的桌子有些高了，应该把桌面降低一些，这样更可以激发幼儿的想象力。因为桌面较低，幼儿过电网的时候，有些方法就会不可使用，就要想其他的方法过去；当桌面过高，幼儿很多都是钻过去的。幼儿进行尝试匍匐爬的时候，因为桌面过高，对于很多瘦小的幼儿来说，桌面下的空间比较大，很多幼儿都还可以钻过去，但后来降低桌面再请幼儿做示范，帮助幼儿理解匍匐爬时的要点，大部分幼儿都能尽可能地按照要点进行练习。

练习过后，我请"小士兵们"观看解放军叔叔匍匐爬过电网时候的动作，进一步帮助幼儿理解和巩固匍匐爬的动作要领，随后再进行尝试。然后请我们的"小士兵们"模拟真正爬电网，如果幼儿爬过时"电网"上面的铃铛响了，那么说明小士兵在向前爬的过程中碰到了电网，所以上面的铃铛才会响。

但是后来让幼儿尝试过模拟电网时，幼儿出现了等待的现象，应该把模拟电网分成两组，让幼儿减少等待的时间。最后两组进行比赛，这样更能带动小士兵们的兴趣，感受其中的乐趣。

05 小蚂蚁去探险

设计教师：高卫红

活动名称：小蚂蚁去探险

适用班级：小班

活动目标

1. 在角色体育游戏中体验抬头手膝着地向前爬的动作，提高手脚配合的协调性。

2. 喜欢参加情境体育游戏，感受与同伴共同爬行过程的乐趣。

活动准备

经验准备：能够手膝配合爬一定距离。

物质准备：蚂蚁头饰、拱形门山洞、垫子、铃铛、彩色纸球、各种造型纸箱。

重点

感受手膝着地向前爬的动作。

难点

在手膝着地向前爬的过程中，保持抬头前行的爬行姿态。

活动过程

（一）开始部分

热身活动——儿歌"做早操"。

重点活动开幼儿的头部、手腕、腿部等部位。

（二）进行部分

1. 创设游戏情境："小蚂蚁去探险"激发幼儿进行手膝着地向前爬的兴趣。

指导语："咱们去看看山洞里有什么？"

指导语："小铃铛怎样就出声了？"（方法：抬头用头顶去碰）

2. 幼儿运用已有经验，使用手膝着地向前爬的方式再次尝试曲线路段，提高手脚配合过程中的灵活协调性。

重点指导："你们怎么让那么多小铃铛都出声的？"

重点指导："你的小触角和小铃铛问好了吗？"（强调爬行过程中的抬头动作）

3. 创设不同长短、不同材质的爬行路，巩固幼儿抬头手膝着地向前爬的动作。

重点指导："咱们蚂蚁宝宝怎么去（爬）？捡到豆子怎么回来（跑）？"

重点指导："咱们饿了去找点好吃的吧？你拿什么颜色的豆？拿几颗豆？"

（三）结束部分

蚂蚁分豆豆，一起抬回家。（按照豆的颜色分类放，合作搬运）

活动延伸

手膝着地向前爬的基础上，尝试练习手膝着地向后爬，手脚爬等多种爬的方法，提高幼儿对爬行游戏的兴趣。

活动反思

爬是小班初期的孩子最喜欢的运动之一，幼儿在爬的过程中可以增强身体的灵敏、力量、速度等运动素质和空间、体位知觉，但是刚入园的孩子们在地上爬的时候，我观察到很多孩子不会抬头进行各种爬。为了帮助幼儿在手膝着地爬的过程中能够体验抬头的动作，我设计了"小蚂蚁"的游戏活动。我将目标定位在 1. 体验抬头手膝着地向前爬的动作；2. 使幼儿喜欢参加集体活动，感受爬行游戏的乐趣。

我将重点放在幼儿在爬的过程中抬头，所以在材料的投放上用小班孩子好奇心比较大、喜欢出声带响玩具的特点，在小山洞里挂了多个小铃铛，引导幼儿用触角去碰小铃铛，与此同时来完成第一条目标。另外我用小班孩子爱假想和爱模仿的特点，在游戏中用蚂蚁妈妈和宝宝的角色贯穿于游戏始终。幼儿在模仿妈妈和别的宝宝的同时，来体验与老师、同伴一起游戏的快乐。

06 垫子乐翻天

设计教师：郭沁萍

活动名称：垫子乐翻天

适用班级：大班

 活动目标

1. 幼儿能在垫上游戏中尝试各种运动方式，提高动作的协调性和大肌肉力量。

2. 在游戏中敢于挑战困难，愿意与同伴分享成功的喜悦。

活动准备

经验准备：幼儿能够向上跳 50~80 厘米，能够从 80~100 厘米的高度向下跳。

物质准备：音乐、桌子、垫子、椅子、沙包、小篮子。

重点

用垫子进行多种体育动作的运动游戏。

难点

安全且成功地跳上（跃下）一定高度的垫子，落地后保持平衡。

活动过程

（一）开始部分

热身游戏调动幼儿参与游戏活动的积极性。

1. 教师带领幼儿围绕垫子进行热身活动，听音乐做出跑跳、转体、踝关节等准备动作。

2. 在垫子上听口令做相应的动作，体验躺、爬、坐在垫子上做动作的不同感受。

（二）进行部分

分组进行情境游戏——"垫子乐翻天"，用各种运动方式挑战游戏动作。

1. 幼儿自由分组，拓展体验通过垫子的多种动作方法。

（1）情境导入："小特种兵们，前方出现一座山，想想咱们能用什么方法成功地越过它？"

动作要求：幼儿自由组合分为 2 组，原地将垫子垒起 4~5 层高度，鼓励幼儿想办法运用各种运动方式通过。

（2）小组间互动交流游戏过程中各自的体会，强调游戏的安全意识。

2. 幼儿再次分组体验跨跳、向上跳跃一定高度、纵身向下跳等不同跳跃方法，敢于挑战游戏中的新障碍。

（1）情境导入："全体士兵集合！现在我们将要执行一个新的任务，请士兵们跳上台阶（垫子）、趟过草地（桌面）、再跳进战壕（高空下跳），占领对面的高地！咱们能不能完成任务？"

（2）幼儿自由分为 2 组，采用相应的动作方法挑战通过场地设置的各种障碍物。

要求：幼儿在游戏中学会使用正确的动作完成挑战，强调向下跳跃落地时身体的平稳性。

（3）师生共同交流作战经验与心得，随后放松缓冲身体。

3. 趣味游戏"攻守对抗"中，幼儿按攻守角色分两组，完成占领对方阵地的游戏任务，提高上肢动作的力量与协调性。

（1）士兵进行战前队列准备。

（2）共分为两组，一组把垫子当掩护盾牌行进，一组用子弹攻击。

被子弹击中的幼儿要被当成伤员，躺在垫子的担架上被本组的幼儿抬回来。

（3）两组幼儿交换角色，再次展开游戏。

（三）结束部分

趣味游戏——"超级汉堡王"，幼儿借助垫子进行放松活动。

一组幼儿趴在两层垫子的中间，另一组幼儿从上面的垫子上爬过。

　　本次体验式游戏活动主要是为了使幼儿在日常生活中开展垫子游戏时，能够得到上下肢和耐力的练习，同时，结合大班幼儿在合作游戏中敢于克服困难、勇于挑战自己的特点，我设计了"垫子乐翻天"游戏。我把动作目标设定在能够利用跳跃、协同抬运等方法进行垫子游戏，提高幼儿四肢的力量和耐力，情感上帮助幼儿在游戏中敢于克服困难，体验挑战成功的快乐。

　　游戏进行的过程中，我从准备活动的自由活动开始让孩子躺在垫子上进行各种动作，从而激发幼儿的参与积极性，因此分别从以下几个方面进行体验：

　　1. 躺在垫子上做准备活动——感受垫子上游戏的兴趣性。

　　2. 合作通过长垫子的方法——感受团队合作的力量。

　　3. 通过横着放垫子的方法——体验跨跳、隔物跳。

　　4. 通过加高后垫子的方法——体验向上纵跳。

　　5. 加高矮不同跳桌子方法——体验向上纵跳、向下跳。

　　6. 垫子当掩护行进的方法——体验合作行进，沙包投掷攻击。

　　7. 垫子当担架抬伤员方法——体验同伴合作，提高幼儿上肢力量。

　　8. 垫子和幼儿做汉堡方法——体验相互之间合作的放松和愉悦。

　　但是在整个活动进行当中，孩子的兴趣性和挑战性不断增强，体验向上跳和向下跳的时间比较长，另外在"超级汉堡王"的放松环节幼儿积极性尤其高，但是时间不够，只能每个人体验被面包（垫子）夹住，其他幼儿在上面的垫子上爬行的一次机会。在以后的教育活动中需要有更强的时间观念，才能够更好地把握每一个游戏环节，让幼儿在游戏中能够感受到体育游戏的快乐。

07 小士兵本领强

设计教师：郭沁萍

活动名称：小士兵本领强

适用班级：中班

活动目标

1. 练习匍匐爬时用蹬腿和异侧臂力推动身体前进的动作，提高身体动作的协调性。

2. 喜欢玩情境性集体游戏，在角色中体验通过努力完成任务的自豪与快乐。

活动准备

1. 经验准备：有过各种爬的动作经验。

2. 物质准备：动作视频、桌子、垫子、布包、情境音乐、玩具手枪。

重点

能够根据游戏情境要求，成功体验垫上匍匐爬的动作。

难点

用蹬腿和异侧臂力推动身体协调前进的匍匐爬的方法。

活动过程

（一）开始部分

进行队列练习和准备活动，激发幼儿参与游戏活动的兴趣。

1. 听乐曲走队列进入游戏场地。

2. 师生随《勇敢小士兵》音乐进行热身活动，激发幼儿当小士兵参与相关情境体育游戏的愿望。重点活动上下肢及协调配合的动作。

（二）进行部分

1. 开展游戏体验——"士兵冲冲冲！"，体验爬的不同方法后，引出匍匐爬的运动方式。

（1）交代游戏情境，幼儿初步体验不同的爬行方法，并与同伴互动交流。

重点指导："勇敢的小士兵们，前方就是战斗的阵地啦！为了不被敌人发现，咱们需要爬行过去，一会儿咱们看可以使用什么样的爬行方式呢？"

重点指导：爬的时候头要怎么样才能保证我们的安全？（抬起头）

（2）观看视频"士兵突击队"，观察匍匐爬的运动方式。

重点指导：匍匐爬和刚才自己爬的方法有什么不同？同伴间示范互动交流。

重点指导：匍匐爬的时候，教师示范在地道（桌子）里匍匐爬过的动作。

（3）尝试体验匍匐爬的动作，明确匍匐爬抬头、蹬腿和异侧臂力配合用力的动作方式与过程。

幼儿分组，在情境游戏中进行匍匐爬的练习。

2. 创设游戏情境——"士兵阵地演习"，进一步巩固体验匍匐爬的游戏过程。

（1）幼儿自由分组体验匍匐爬，巩固匍匐爬的基本动作。

动作要求：匍匐爬过地道后，播放"敌人来"的音乐，幼儿拿好枪有序地到楼梯上的碉堡中躲避。

（2）幼儿运用已有经验完成新任务，总结匍匐爬的注意事项与安全要求。

重点指导：匍匐爬过地道和敌人布置的电网时，怎样能保证自己的安全？

（三）结束部分——"炸碉堡"

利用投掷游戏达到上下肢的协调运动与放松活动。

活动反思

和幼儿之前学习爬的方法的不同之处在于：身体爬到地上代替手膝和手脚的着地；胳膊肘代替手掌前行；腿部代替膝盖或脚跟步伐，相同之处在于用上下肢的配合推动身体前进；爬的时候要保持抬头看前方。幼儿通过自己的实践和观看视频，基本能够找出差异，从而引出匍匐爬。

在练习匍匐爬的时候，幼儿存在撅着臀部、胸脯贴近地面的爬；腿部一直是直线形，没有交替前进步伐的爬；埋头爬而撞到别人脚上的行为；爬几步就改为手膝爬；用两只胳膊伸直向前而拖动身体的爬法等。我及时进行调整，给幼儿教师的示范和视频结合进行动作的分解与重点部位动作进行了重点的提炼。再次给幼儿练习的机会。

中班幼儿还是比较喜欢有游戏情境的活动，我在重复练习的时候用玩具柜和墙的夹缝创设了小士兵爬过地道，用低矮的桌子创设过电网，幼儿要爬过电网去执行任务，拿着自己喜欢的手抢去打"坏蛋"，激发了幼儿参与活动的积极性。游戏中幼儿匍匐爬距离由短到长，从最初的 3 米到 5 米，最后到 5 米加 3 米的距离，幼儿能够逐渐适应自己的方法。在通过地道和电网时，几乎所有的幼儿都学会了抬头、用蹬腿和异侧臂力推动身体前进的方法。幼儿比较圆满地完成了自己执行的任务的同时，老师的教学目标也愉快地达成了。

08 马路上的小汽车

设计教师：李博

活动名称：马路上的小汽车

适用班级：小班

1.在快慢跑动的过程中平稳地控制自己的身体，能躲避他人的碰撞，提高幼儿的身体协调能力。

2.感受与老师一起进行户外体育游戏的快乐。

加油站、小汽车、小车厢、红绿灯、人行横道、行车标记、果子。

在跑动的过程中，能平稳地控制身体。

保持安全距离，不与他人碰撞。

活动过程

（一）开始部分

玩"安全小汽车"游戏，引发幼儿参与活动的兴趣。

1.与教师一个跟着一个在圆圈上行走。

指导语："小司机开着小车一辆跟着一辆走喽。"

2.教师与幼儿共同进行热身活动，重点进行下肢的动作。

指导语："小司机们，让我们来检查一下自己的汽车。"

（二）进行部分

1.幼儿跟随教师沿着路线"外出游玩"，在慢跑中能平稳地控制身体。

幼儿在教师的带领下根据道路状况进行慢跑，在看到红绿灯、人行横道、转弯标记等要做出相应反应。

指导语："小司机要控制好自己的车，别碰撞，不要发生交通事故。"

2.幼儿玩"小司机上高速"游戏，在快跑中能平稳地控制自己的身体。

在游戏场景下，引导幼儿在快跑过程中知道拉开距离，控制好身体，防止碰撞。

指导语："高速上，小车的速度更快了，要离前边的车更远一点，别出事故。"

3.运用已有经验进行"运水果"游戏，感受与老师一起游戏的快乐。

教师带领幼儿了解游戏内容及规则，能够按路线安全跑动运送材料。

指导语："超市的阿姨想让小司机们帮忙把农场里的苹果运到超市去。"

要求：每个小车箱装三个苹果，路上别让苹果掉出来。

（三）结束部分

教师与幼儿做放松整理动作，游戏自然结束。

指导语："小司机开了一天的车很累了，放松一下。"

教师与幼儿边说儿歌边重点对腿部做放松动作。

活动延伸

1.把加油站和小车箱等玩具投放到户外玩具中，让幼儿在户外活动时自由地游戏，并给游戏加入情境。

2.在操后循环区中加入模仿小汽车跑的环节，继续联系幼儿的平衡能力。

活动反思

1.本次活动材料准备比较复杂，要求教师合理运用场地。慢跑完后的加油环节，加油站要根据幼儿的数量多做几个，避免引起幼儿的排队。也可以在这个环节中加入粗细配对的知识。

2.在活动中要强调保持安全的距离，跑的越快越要拉开距离。

3.最后的运苹果环节是幼儿最感兴趣的环节，在幼儿自由运送的同时，最好能规定好去和回的路线，避免幼儿正面相撞。

09 快乐的游乐园

设计教师：李博

活动名称：快乐的游乐园

适用班级：小班

活动目标

1. 练习追逐及躲闪，发展身体的协调性与平衡能力。

2. 喜欢集体游戏，享受和小朋友一起做活动的快乐。

活动准备

气球、吹泡泡玩具、反光镜、玩具礼物。

重点

提高身体在游戏运动中的灵活协调性。

难点

在成功追逐、躲闪过程中保持身体的平衡，不跌倒。

活动过程

（一）开始部分

师生听音乐踏步进场排成一个圆圈，做好热身运动。

重点活动腿部、腰部的动作，使全身关节灵活。

（二）进行部分

体育游戏——"快乐的游乐园"，在玩开火车过程中体验集体游戏的乐趣。

1. 玩开火车去游乐园的游戏，体验集体游戏的乐趣。

2. 玩托气球游戏，能遵循不落地的活动规则。

关注气球，大家一起托球，不让球落地。引导幼儿抬头看球的走向，做托球动作。

（三）情境游戏

"淘气泡泡秀"，运动中感受到成功追逐、躲闪泡泡的快乐。

1. 出示泡泡水，吹出一个泡泡，请幼儿观察并引出游戏规则。

指导语："快看看我的泡泡是什么形状，什么颜色的？"

指导语："天气这么好，咱们一起来和泡泡做游戏好吗？"

2. 幼儿参与游戏——"淘气泡泡秀"，引导幼儿运用已有的游戏经验，追踪或躲闪泡泡的走向并进行摸拍。

活动可以延伸到踢球或者拍球的活动中，也可以在户外增加一些追跑或追踪的游戏。

本次活动中，气球可以多准备几个，4~5 个幼儿玩一个气球。教师吹泡泡时可以吹一次换一次地方，也可以让幼儿想一想抓住泡泡的方法。

10 拼图形 跳图形

设计教师：李菲

活动名称：拼图形 跳图形

适用班级：大班

活动目标

1. 愿意尝试用多种方法跳过障碍物，提高身体的协调性和灵敏性。

2. 感受勇于尝试、相互合作的乐趣。

活动准备

经验准备：基本能够进行各种跳跃动作。

物质准备：瑜伽垫若干、圈若干、音乐。

重点

练习并巩固多种跳法。

难点

拼出的图形要能够服务于自己的跳法。

活动过程

（一）开始部分

幼儿根据音乐的旋律做出与旋律相符的动作，并学会听音乐的指令。

（二）进行部分

1. 用提问的方法引入活动：圈有哪些跳法？

教师与幼儿一起讨论从圈上跳过有哪些跳法，鼓励幼儿分别做示范和练习。

重点指导：单人跳法和小组合作跳法。

2. 幼儿进行分组，拼图形练习多种跳法。

幼儿自行分成 2 组，每组 10~12 名幼儿。用手里的圈以小组为单位商量出要拼的图形，拼出的图形要适合本组小朋友的跳法。

小结并分享：不同拼摆方法和不同跳跃方法。

3. 幼儿集体合作。

全体幼儿合作，用手里的圈拼出一个复杂多变的图形，并从圈上跳过。

（三）结束部分

幼儿在舒缓的音乐中进行放松，活动自然结束。

活动延伸

1. 幼儿可以将圈立起来，拼出方向不同的隧道，从圈中钻过。

2. 幼儿可用易拉罐、跳绳等自制隔物跳拼摆出不同的路线，并用讨论出的跳法越过障碍物。

活动反思

在体育活动中，不仅练习身体素质，同时还要符合大班幼儿的年龄特点，培养他们的团队合作意识。大班幼儿已经有了独立思考的能力，因此在活动中提供让幼儿主动创想的空间，发挥自己的想象力，同时能激发幼儿参与活动的积极性。

从活动开始前的准备活动到集体创想拼摆图形，再到怎样能把拼摆的图形都跳一遍，幼儿的思维和身体都在积极参与。有的幼儿还能通过别人的跳法来改进自己的跳法，用简单快捷的办法将圈全部跳过一遍，这就说明他们主动参与到其中了。

 **11 小兔盖房子**

设计教师：刘颖

活动名称：小兔盖房子

适用班级：小班

 **活动目标**

1. 持物走时保持身体的平衡，提高幼儿手臂力量和身体的协调性。

2. 积极参与游戏，体验运动游戏中一起搭建的快乐。

 **活动准备**

经验准备：能够保持身体的平稳。

物质准备：单元砖 24 块、单元桥 4 个、小兔挂饰、萝卜、奶箱、大积木、体操垫 10 个、体能条 8 根、体能环 8 个、萝卜箱子 2 个。

 重点

携带物品做游戏时能够保持身体的平稳。

 难点

大小、轻重并不一的物品搬运的方法不同。

 **活动过程**

（一）开始部分

1. 队列练习：提高幼儿运动愿望、集中注意力。

2. 准备活动：从头到脚进行各部位活动，重点在上肢。

（二）进行部分

创设游戏情境：幼儿扮演小兔宝宝，帮助妈妈盖房子。

重点指导：双脚跳的时候要注意什么？小脚并齐，小腿弯弯，轻轻落地。

1. 小兔宝宝体验搬运"砖块"，一起搭建房子。（单元砖）

（选不同路跳着去搬一块积木走回来）

小结：你是怎么拿的？（小手抱紧，眼睛看前方）

2. 巩固搬运不同重量的物体的好方法。（箱子积木）

（1）这三条路有什么不同？选自己没有走过的路。

（2）小结：和刚才不同的砖，有什么不同的搬运方法？

3. 体验手持物品搬运的不同方法。（运萝卜）

小兔宝宝分享不同的好方法，幼儿进行模仿性学习。

小结：运萝卜时可以和运砖有和不同？

（三）结束部分

改编儿歌《小孩小孩真爱玩》进行放松活动，幼儿一起安全地收放玩具材料。

合作搬运物品的体验。

活动反思

　　搬运的过程中，21 名幼儿中有 17 名幼儿是用双手从两边进行搬运，2 名幼儿是夹在腋下，2 名幼儿是用手指插进单元砖的洞里来搬的。幼儿在搬运完两次之后，过来说还想接着搬运盖房子的砖，有了基本经验之后，能够做到有积极主动的愿望去进行巩固游戏。在第三次的搬运萝卜的任务中，孩子们回来会说出和之前的两次搬运不一样的地方是"这次是两个""手握着就可以"。小班幼儿有自己扮演小兔跳的已有经验，通过幼儿在跳着过去，搬运砖回来，进行不断而反复的练习，从而给幼儿机会不断地感受双手搬运的方法。

　　小班幼儿有较强的模仿性，因此在学习的过程中教师应做出正确的示范。模仿性学习更加符合小班幼儿的学习特点。

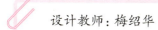

12 踩高跷

设计教师：梅绍华

活动名称：踩高跷

适用班级：大班

活动目标

1. 幼儿愿意尝试踩高跷的游戏和探索游戏的方法，提高身体协调性。

2. 在体育游戏中敢于尝试挑战，体验成功的快乐。

活动准备

经验准备：能顺利在平衡木、梅花桩上行走。

物质准备：高跷、双单元砖、单元桶、体能棍、体能环、包。

重点

根据自己的能力选择不同难度的高跷。

难点

通过不同难度的障碍物时能保持身体平衡。

活动过程

（一）开始部分

1. 幼儿按照一定指令变换多种队形，有精神地走步。

2. 游戏前进行热身活动，重点练习腿部动作。

（二）进行部分

1. 分组初次尝试体验踩高跷游戏，共同探索并分享踩高跷的基本动作要领。

2. 幼儿运用梳理出的经验尝试走高跷的游戏，进一步掌握踩高跷的好方法。

（1）游戏"穿越丛林"，幼儿运用已有经验尝试游戏。

（2）幼儿在游戏中体验跨越的游戏方法。

通过竞赛游戏"穿越丛林"，巩固踩高跷的方法，体验成功游戏的乐趣。

（1）幼儿分组进行接力游戏，运用已有经验尝试新的挑战，即练习踩高跷跨越、踩高跷钻的动作。

（2）引导幼儿解决游戏中遇到的问题并进行交流，提升经验。

（三）结束部分

听音乐进行拍打身体的放松活动。

进行有节奏地踩高跷比赛。

孩子们在游戏的过程中，能够积极尝试高跷的玩法，还通过讨论总结出好方法。但是在游戏的环节中，我发现孩子们急于求成，着急向前走，而忽略了脚踩的位置。导致脚总是向前冲，影响行走效果。孩子们非常喜欢游戏，也愿意挑战更加有难度的游戏。在游戏后面的挑战环节中，孩子们能够将自己的已有经验运用到游戏中，体验更深层次的动作难度，提高自身的协调性。

13　战胜灰太狼

设计教师：任咏泽

活动名称：战胜灰太狼

适用班级：小班

活动目标

1. 尝试跨越一定高度的皮筋，在追逐躲闪过程中提高身体的灵敏性与协调性。

2. 敢于挑战跨越新的高度，与同伴共同分享游戏成功的快乐。

活动准备

皮筋两根（即两条草坪）、幼儿分角色佩带喜羊羊和灰太狼的标志、小动物的食品、诗歌《小动物找食》、伴奏乐曲、方形场地。

重点

幼儿能运用跨越、追逐、躲闪等方式参与情境游戏。

难点

跨过更宽的皮筋的同时躲避灰太狼追逐，成功取得食物。

活动过程

（一）开始部分

幼儿听乐曲持皮筋螺旋形路线入场，做身体的准备活动（上肢、腰部、下肢、跳跃等运动）。

（二）进行部分

进入情境游戏——"战胜灰太狼"，体验分享用跨越、追逐、躲闪等运动方式参与游戏的过程，提高身体的灵敏协调性。

情境导入："今天天气这么好，羊羊们，咱们一起去找些食物吃吧！"（教师扮演羊妈引领幼儿进入游戏情境）

1. 进行第一遍游戏——"羊羊历险记"，初步熟悉游戏的基本玩法，分享游戏情境的乐趣。

（1）交代游戏环境：中间内外两条皮筋撑成回字形，形成两条草坪，其中草坪的间距为 100~120cm；草坪高度为 50cm。

（2）介绍游戏玩法：

a. 幼儿扮演羊羊在场地四周拍手念诗歌，完毕后羊羊随乐曲开始往返跨越于场地中的两条草坪之间（即内外两条皮筋间自由跨越）。

b. 当乐曲突然停止，扮演灰太狼的幼儿（两名）在两条草坪中间跃起"捕捉"往返跨越的羊羊，羊羊躲避灰太狼的捕捉，同时顺势跃出两条草坪，将场地中间的各种食物运出。

c. 避开捕捉并安全将食物成功运出的羊羊为胜利，被捉到的羊羊退出游戏。

（3）幼儿尝试游戏，师生共同分享游戏心得与经验。

2. 进行第二遍游戏——"羊羊向前冲"，在已有的游戏经验基础上进一步提高游戏的难度，发展幼儿在运动中的身体灵敏协调性。

（1）介绍游戏玩法：在第一遍游戏的基础上，在草坪的高度与间距上增加游戏的难度，鼓励羊羊挑战跨越更高的皮筋。

a. 将草坪（皮筋）的高度提高至距地面 60cm；

b. 两条草坪的间距为 120~150cm；

c. 扮演灰太狼幼儿的人数（三名）；游戏玩法与前相同。

（2）幼儿分组扮演游戏角色，在参与体验游戏过程中感受跨越、躲闪、追逐的动作过程。

（3）师生在游戏经验上进行资源共享，放松缓冲身体，并提示安全事项。

3.幼儿交换游戏角色继续进行第三次游戏，在巩固情境游戏的运动过程中与同伴分享成功游戏的快乐。

幼儿掌握游戏玩法后，鼓励各组交换角色再次体验情境游戏的快乐。

（三）结束部分

师生共同梳理游戏经验与心得，延伸游戏情境自然结束。

指导语："羊羊们，咱们成功地躲避了灰太狼，运出了这么多的食物，咱们一起带回去送给羊奶奶一起吃好吗？"

安静缓冲：幼儿随乐曲将皮筋缠在灰太狼的身上，带食物一起走出场地。

自然结束。

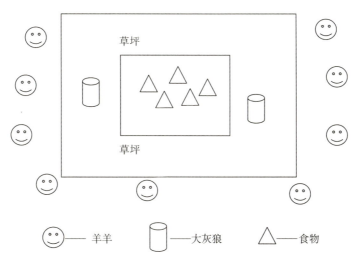

1.游戏开始部分，带领幼儿活动身体时，教师以下肢部分的运动为重点，为游戏做好准备工作，这点很必要。

2.游戏进行部分，教师观察幼儿跨越过程中存在的问题，在游戏间歇时重点指导跨越的好方法，使幼儿获取下次游戏的成功经验。

14 好玩的小球

设计教师：史少云

活动名称：好玩的小球

适用班级：小班

 **活动目标**

1.幼儿尝试使用各种跳跃方式参与游戏活动，提高身体的灵活协调性及控制能力。

2.幼儿喜欢参加趣味性体育游戏，感受与同伴一起游戏带来的快乐。

 **活动准备**

背景音乐、乒乓球、自制玩具、体能棒、体操垫、球拍等若干。

 重点

幼儿能在跳跃游戏中保持身体的灵活协调性。

 难点

活动中幼儿不用手的帮助，借助加大身体幅度与跳跃等方法将球从盒里抖出。

 **活动过程**

（一）开始部分

自然进入游戏情境。

1.幼儿扮演角色进场，进行热身活动。

听音乐跟随教师律动进场；活动开身体各部位，重点在下肢动作。

2.师生交流，邀请幼儿进入游戏情境。

（二）进行部分

1.在"玩小球"的游戏过程中，发展在运动中身体的平衡与协调能力。

（1）在游戏"顶小球"环节中，幼儿尝试使用原地向上跳的动作，将彩虹伞上的小球顶下来。

教师引导幼儿将小球全部顶出彩虹伞，并将顶出的球收集到随身带的小盒里。

（2）在游戏"运小球"的过程中，幼儿带着小球自选路线并跳过小路，最终将小球运到游乐场。

（3）游戏"放小球"，鼓励幼儿不用手的帮助，借助身体跳跃或改变身体姿势等多种方法将球从小盒中抖出。

2.师生互动，交流游戏经验。

3.组织游戏——"小球进洞"，幼儿将小球赶进小洞，提高幼儿手眼协调及控制能力。

幼儿自选赶球的游戏工具，使用自选工具控制小球的运行方向，将其赶回家。

（三）结束部分

教师播放轻松的音乐，幼儿跟教师一起做放松动作，自然结束。

活动反思

小班幼儿平时就很喜欢与同伴做游戏，由于班里的幼儿大都属兔，孩子们很喜欢扮演小兔的角色做游戏，于是我们将一些"小兔与小球"做游戏的趣味情节融入到游戏当中，结合日常班级幼儿的运动弱项，我们在游戏中增添一些跳跃动作与要求，在提高幼儿运动中身体灵活协调性的同时，让孩子们更喜欢参与户外运动，乐于与同伴一起进行体育游戏。

本次活动主要优点是：

1.用小球贯穿活动整体。找小球、顶小球、捡小球、运小球、颠小球、赶小球。

2.利用洞口的不同方位练习不同跳跃。

3.动静结合。在活动环节中有幅度较大的动作，也有安静分享的环节。

15 摘果子

设计教师：史少云

活动名称：摘果子

适用班级：小班

1. 练习双脚连续跳的游戏活动，提高动作的灵敏度和协调性。

2. 喜欢参加跳跃游戏，敢于挑战自我，体会成功的快乐。

协力布道、粘球衣、体能棒、双单元砖若干。

活 动 过 程

（一）开始部分

1. 听音乐，进行队列练习

重点：挺胸抬头，注意调整前后小朋友的距离。

2. 准备活动，听音乐做准备活动。

重点：下肢运动，膝盖与脚踝的活动。

（二）进行部分

1. 尝试利用道具进行不同的跳法。

（1）幼儿两人一组寻找不同玩法。

（2）重点提出当成跳桶，练习双脚连续跳。

2.提出问题:怎样才能跳得又远又快? 再次带着问题自由练习。

讨论:怎样才能跳得又远又快?

3.开展竞赛活动,让幼儿敢于挑战自我,体会成功的快乐。

(1)将幼儿分成三大组,每组中有两小组,分别站在场地两边。

(2)介绍游戏规则与玩法,鼓励幼儿努力克服困难。

游戏:果园采摘

(三)结束部分

教师引导幼儿将协力布道铺在地上,幼儿可以坐在上面放松、收拾教具。活动结束。

16 喜羊羊与灰太狼

设计教师：刘绰娜

活动名称：喜羊羊与灰太狼

适用班级：小班

活动目标

1.初步尝试用沙包投中固定目标和移动目标，提高身体运动中的协调性。

2.能愉快地参与游戏，体验成功投中目标带来的乐趣。

活动准备

经验准备：看过《喜羊羊与灰太狼》动画片，知道人物关系。

物质准备：沙包、头饰、圈、音乐、自制狼堡、平衡木。

重点

练习投掷的动作，能做到肩上投掷。

难点

投射固定目标与运动目标。

活动过程

（一）开始部分

1.老师扮演村长，幼儿扮演羊村的小羊们。

2.幼儿听音乐，跟老师一起做准备活动，把身体活动开。

（二）进行部分

1.创设情境——"羊羊一起来玩包"，鼓励幼儿尝试玩沙包的多种方法。

（1）村长："今天天气真好，小羊们来玩包的游戏吧！"

（2）幼儿拿沙包，自由探索沙包的多种玩法。

2. 创设情境——"羊羊本领大"，形成投掷的前期经验。

（1）村长：小羊们，刚才我看见灰太狼又在研究新型武器要来抓我们，我们也要做好防御，现在我们要练习怎样打跑灰太狼。

（2）老师出示灰太狼的大头像，幼儿站到指定线后，向灰太狼的大头像投掷沙包。

（3）此活动反复练习。

3. 创设情境——"打跑灰太狼"，感受击打固定目标物的游戏过程。

（1）出示灰太狼的城堡，老师扮演灰太狼躲在狼堡后面，幼儿用沙包投向狼堡。

（2）老师纠正幼儿投掷动作。

4. 创设情境——"追赶灰太狼"，体验投掷移动目标的游戏过程。

（1）村长：不好，灰太狼来了！

（2）配班老师扮成灰太狼来抓羊。

（3）幼儿站到指定区域内进行投掷（每人3~4个沙包），灰太狼运动着。

（4）灰太狼被打跑。

（三）结束部分

听音乐，做放松活动。

活动反思

孩子们在玩"喜羊羊与灰太狼"的游戏中，很快进入角色，玩得非常开心。在第一遍游戏中，我让"小羊们"用沙包投掷有灰太狼头像的呼啦圈，我在孩子们一遍又一遍的尝试中观察到，孩子们的投掷动作基本标准，都能做到肩上投掷，由于距离近，孩子们都能打到灰太狼，第一遍游戏后孩子们都有了成功的喜悦。

第二遍游戏中，"小羊们"用沙包当武器，投向有一定距离的灰太狼的城堡，这时候我发现有的孩子动作已经走形、变样，怎样扔出去的都有，因为这遍游戏目标离得远了，有的孩子打不到目标，于是想方设法想打中目标。在第二遍游戏结束后，我向孩子们提出了这个问题，强调了投掷的基本动作，在第三遍游戏中，孩子们注意到这一点，很多孩子都能投中移动的目标，获得了成功的喜悦。

17 寻找宝藏

设计教师：刘绰娜

活动名称：寻找宝藏

适用班级：大班

 **活动目标**

1. 初步感知体验坐位体前屈的动作，增强腿部柔韧性及身体协调性。

2. 愿意参加室内体育活动，感受集体游戏的快乐。

 **活动准备**

托球器的球、拱形门、课件、大屏。

 重点

幼儿能做出向前压腿的动作进行传运宝藏。

 难点

幼儿直腿坐到垫子上，需有一定的距离，保持不弯腿做出向前压腿的动作。

活动过程

（一）开始部分

开展律动游戏，看PPT听音乐，将全身充分活动开。

（二）游戏部分

1. 观看PPT，根据情节，幼儿以匍匐爬的方式进入"山洞"。

2. 初次体验游戏——"传运宝藏"，感受匍匐爬的游戏过程与方法。

指导语：我们终于找到宝藏了，可是这么多的宝藏要怎么运出这个山洞呢？根据巫婆的话探索运宝藏的方法。

教师讲解前压腿传宝藏的游戏规则，并做示范动作。

幼儿分成两组，前后一个接着一个（小朋友之间有些距离）将双腿向前伸直坐好，双腿要并拢。从第一名幼儿开始以前压腿的方式将"宝石"拿在手里，传递给第二名幼儿，第二名向前压腿拿"宝石"，以此类推，直到传递给最后一名幼儿。两组进行比赛，看哪组速度最快。

3.第二次提升游戏难度，运用已有经验再次练习并分享游戏经验。

指导语：远处还有好多宝藏呢，小朋友们要拉开一点距离才能够到宝藏。

幼儿之间拉开一些距离，加大前压腿的难度。

（三）结束部分

指导语：我们已经把宝藏都运出了山洞，趁巫婆没看见我们，快爬出这个山洞吧。（幼儿用匍匐爬的方法，爬出"山洞"）

出山洞后进行腿部放松活动，活动结束。

活动反思

在开展室内体育活动中，我考虑到场地有限，不能满足大运动量的游戏，因此设计了一节锻炼幼儿腿后部柔韧性的活动——寻找"宝藏"。

活动开始的热身运动，我打破以往的热身活动，把操节编排成有情节的舞蹈，情节贯穿这个活动，幼儿非常喜欢。

在游戏过程中，我利用PPT设计情境，让幼儿进入山洞去寻找"宝藏"，但是山洞被巫婆施过魔法，会越走越小，在山洞里还不能弯腿。在与幼儿讨论后，大家决定用匍匐爬的动作进入山洞里，幼儿则自然坐在地上伸直腿。

在第一遍游戏中，有些幼儿没有听清我说的动作要领和要求，没有从身后传运而是在头上传运宝藏，这样没有锻炼到幼儿大腿后面的柔韧性，于是我再次调整提示语，幼儿领悟动作要领后再次传运时，问题再次出现。由于幼儿之间的距离太近，幼儿之间很容易传运宝藏，体前屈的动作没有做出来，还是没有锻炼到幼儿大腿后面的柔韧性。

于是，我再次调整游戏环节，加大难度，告诉幼儿洞口的宝藏已经运走了，山洞深处还有很多宝藏，我们小朋友要拉大距离才能够到深处的宝藏并运出山洞。

这次游戏，大部分幼儿都做出了体前屈的动作，锻炼了大腿后面的柔韧性。

由于事先没有考虑到幼儿之间距离过近，做不出体前屈的动作，在游戏中教师随机调整了游戏情节，完成了活动的目标。

18 摘苹果

設計教师：刘绰娜

活动名称：摘苹果

适用班级：中班

1. 在原地纵跳的游戏中掌握双臂自然上摆、落地屈膝的方法，发展身体的协调性。

2. 积极参加体育活动，感受跳跃游戏的快乐。

自制三种颜色的苹果、小框、彩虹伞、小球、圈、单元转、单元桥、平衡板。

练习原地纵跳，掌握双臂自然上摆、落地屈膝的方法。

在纵跳中摘不同高度的苹果。

（一）开始部分

1. 创设游戏情境，激发幼儿对活动的兴趣。

2. 师生进入场地，做热身准备活动。

（二）进行部分

1. 幼儿初次体验纵跳的动作，总结动作的基本要领。

指导语：跳跃时需要双脚同时起跳、双臂自然上摆，身体努力向上冲，才能跳得更高。

2.情境游戏——"帮帮刘老师"，掌握纵跳时落地屈膝缓冲的自护方法。

3.情境游戏——"摘苹果"，运用已有经验练习纵跳触物的好方法。

（1）师生合作布置场景，搭建通往果园的小路。幼儿分成四组进行铺路并尝试。

（2）幼儿选择不同的小路去摘苹果，巩固纵跳的方法。

（三）结束部分

师生共同放松身体，活动自然结束。

结束语：我们把摘下来的苹果送回家吧，数一数哪个颜色的苹果摘的多！

在"摘苹果"体育活动中，我运用游戏的形式贯穿活动，用幼儿感兴趣的方式发展基本动作，提高动作的协调性、灵活性。

活动开始，从热身活动我就一直贯穿摘苹果的游戏，引发幼儿对活动的兴趣。孩子们对悬挂的苹果都很感兴趣，但苹果都"长"得很高，我就利用提问的方式来引导孩子解决问题，从而引出活动的主要动作。

在活动中，第一个游戏"帮帮刘老师"，让幼儿在彩虹伞下跳跃，用手把球顶出来，为第二个游戏做准备。但彩虹伞有些高，有的幼儿够起来有些吃力，甚至有矮个子的孩子没有顶出球。在第二个游戏开始前，我贯穿游戏情节，请幼儿铺路去摘苹果，在这一环节里，应该放些音乐，就更能烘托出游戏的气氛了。在游戏"摘苹果"中，需要老师注意投放材料的层次性。在本次活动中，我所准备的苹果悬挂的高度有三种，可以满足不同层次的幼儿，但是在游戏过程中，有些幼儿在摘下苹果后，没能按我的要求按路线回去放苹果，导致场面有一些混乱，但大部分孩子还是能按游戏规则进行游戏的。在游戏中，孩子摘得很快，一会儿工夫，挂着的苹果就所剩无几了，便出现了有几个孩子堆积在一起摘一个苹果的现象，这时老师应该及时补充上几个苹果，把孩子分散开，满足幼儿游戏的愿望。

整个教学活动我根据孩子的个体需要、兴趣来进行教学，充分体现了以幼儿为主体、以幼儿的发展需要为主体的教育理念。活动中及时了解幼儿的需要、兴趣，为幼儿创设一个宽松的、良好的发展空间。

19 小兔本领大

设计教师：田琨琨

活动名称：小兔本领大

适用班级：小班

活动目标

1. 尝试双脚向前连续行进跳的动作，提高身体协调性，游戏中能灵活地控制身体。

2. 鼓励幼儿勇敢地克服困难，体验和同伴一起游戏的乐趣。

活动准备

掉头标志、场地、路（宽直线、带拐弯的细线条、自制小路、平衡木）、呼啦圈人手一个、录音机、音乐、糖果球、投掷背景。

活动过程

（一）开始部分

1. 听着音乐，教师带领幼儿进入场地。

2. 师生利用呼啦圈一起热身，进行准备活动。

（二）进行部分

利用情境游戏"小兔开汽车"复习巩固走、跑动作，能够灵活地控制自己的身体，体验与同伴一起玩游戏的快乐。

1. 情境游戏——"小兔开汽车"。

指导语：小兔宝宝手拿呼啦圈当方向盘，向前跑着开汽车，遇到掉头标志返回。

2. 游戏中幼儿自己选择路线（宽、窄、高、低），开车向前走。

指导语：小兔子们在开汽车时，眼睛向着前方看，自己调整身体，不离开马路和小桥。

过渡环节，放松身体。

3.利用角色游戏体验双脚向前连续跳动作，提高身体灵活性，鼓励幼儿不怕困难。

（1）创设情境游戏"跳跳兔"，鼓励幼儿双脚并齐跳过长长的草地（呼啦圈），不怕辛苦不怕累，坚持完成，双腿放松走回起始点。

（2）创设情境游戏"小兔喂动物"，双脚连续跳过草地，跑到宝箱里拿3颗糖果，跑到山洞门口喂小动物（投掷）。

（三）结束部分

利用呼啦圈进行放松活动。

规则：小兔宝宝当小司机在场地里开车送材料，自己一个人开汽车或者许多个兔宝宝将呼啦圈套在前一位幼儿身上连接成火车，开着火车送呼啦圈"回家"。

在教改的引领下，教研活动中观看了两次其他园所的体育活动，小结出了一些新的思路，结合班里幼儿的兴趣点和动作发展需求，利用材料呼啦圈创设了本次活动。从准备活动中可以看出，教师积极的态度对于幼儿是非常关键的，在教师情绪渲染下，幼儿开心地进行准备，在体育游戏环节中，教师为幼儿出示了四种不同难易程度的游戏材料，幼儿根据自己的需求选择路线，在走高低难度的小桥时有的幼儿顺利通过，有的幼儿掉落到地面；回到小桥上，及时调整身体的姿势。在手拿呼啦圈走平衡木时，难度再一次被提升，孩子们跃跃欲试，平时害怕平衡木的小朋友，在本次活动中也进行了三次之久。在跳跃活动中，幼儿能够双脚并齐向前跳跃，为小动物取糖果后喂小动物吃好东西。活动结束时，幼儿愉快地根据自己的喜好，用呼啦圈自己开汽车或者与他人连接在一起开火车收放游戏材料。

本次活动利用呼啦圈贯穿始终，幼儿人手一个，兴趣高涨，幼儿的表现非常开心，在游戏中获得游戏经验，提升动作，牢记体育常规。愉悦、掌握、获得都是与幼儿密不可分的三要素。

20 小熊过桥

设计教师：田琨琨

活动名称：小熊过桥

适用班级：小班

活动目标

1. 在一定高度、宽度的物体上行走，在走障碍时能保持身体平衡。

2. 喜欢玩有难度的平衡游戏，勇于面对困难，克服困难。

活动准备

经验准备：走队列、欣赏儿歌《小熊过桥》。

物质准备：音乐（队列、准备活动、游戏）、体能条、单元砖、单元桥、飞盘、椅子若干。

重点

幼儿在过障碍物时能够保持身体平衡并且顺利通过。

难点

能平稳通过具有一定高度和宽度的障碍物。

活动过程

（一）开始部分

播放音乐，幼儿有精神地踏步入场。

1. 幼儿跟随教师听着音乐精神饱满地进行队列入场。

2. 幼儿在教师的带领下做音乐律动，重点进行腿部活动。

（二）进行部分

使用障碍物进行平衡游戏，保持身体平衡。

创设游戏情境"小熊过桥"，用可爱的小熊形象贯穿游戏，与同伴一起保持身体平衡过障碍。

1. 分散自由使用障碍物过小桥，体验过各种障碍的方式。

指导语：小熊们试一试怎样才能又快又稳地过小桥？

2. 在玩"小熊过桥"游戏过程中，尝试平稳过障碍，走过小桥。

3. 创设游戏情境"小熊送飞盘"，游戏难度加深，鼓励幼儿不怕困难，勇敢面对困难，将飞盘送回家。

4. 师生互动交流进行小结。

（三）结束部分

1. 播放《小熊过桥》的儿歌，一起放松全身。

2. 请幼儿分组将活动中使用的材料收放回原位。

活动反思

教师抓住小班幼儿年龄特点设计本次体育活动，把本班幼儿喜爱的角色创设在游戏中。提高幼儿参加游戏的积极性。在前期工作中，教师准备了丰富的游戏材料，例如：体能条、单元砖、单元桥、飞盘、椅子等，让幼儿知道很多材料有很多种玩法，并且体验不同活动材料带来的乐趣。幼儿在宽窄、高低不同的平衡材料上玩，现场游戏过程中互动性大，提高了幼儿参与活动的兴趣。总体来说，整个活动的环节设置比较紧凑，幼儿的状态比较活跃，每位幼儿积极参与其中。

21 趣味运动会

设计教师：王丽娇

活动名称：趣味运动会

适用班级：大班

活动目标

1.幼儿大胆尝试游戏，体验掌握平衡的各种方法，提高动作的协调性、灵活性和平衡能力。

2.幼儿养成坚强、勇敢、不怕困难的意志，感受与他人共同游戏的快乐。

活动准备

高跷、平衡木、动物头饰。

活动过程

（一）开始部分

进入游戏情境，调动幼儿游戏的积极性。

1.幼儿带上动物头饰入场。

2.活动全身，做准备活动：

（1）双脚着地，脚尖踮起站立，每次3秒钟时间。（锻炼腿部运动能力、重心及平衡能力。）

（2）两眼睁开，双臂伸直（或交叉胸前）单脚站立5秒；两眼闭合，双臂伸直（或交叉于胸前）单脚站立5秒。（锻炼身体的控制能力和平衡能力）

（3）人手一副高跷（低难度），集体听口令练习踩高跷前走 10 步，后退 10 步，侧走 10 步，转圈 10 步。在放有障碍物的平地上自由练习。

（二）进行部分（森林运动会要开始了，幼儿分成 2 组）

1. 进行第一遍游戏（低难度高跷）

玩法：幼儿平地踩高跷。在没有任何障碍物的场地上，幼儿分两组进行比赛，首先请一名幼儿进行示范，并讲解动作要求：每只脚各踩一个矮高跷，向前行进走。

讨论：如何快速稳定行进。

2. 进行第二遍游戏（低难度高跷）

玩法：幼儿在有障碍物的环境下踩高跷行进走，要求迈过障碍物。

讨论：如何安全迈过障碍物。

3. 进行第三遍游戏（高难度高跷）

玩法：幼儿换上较高的高跷，在设有障碍物的场地里进行行进走，看哪一组先完成比赛。

讨论：换上不一样高度的高跷后，有什么不一样了？

（三）结束部分

幼儿跳集体舞，放松身体。

本次活动主要为了提高幼儿的平衡能力，幼儿在游戏过程中，不断提高自身平衡能力。从较低的高跷到较高的高跷，从无障碍物到有障碍物，在这一过程中，幼儿踩高跷的难度不断增加，对幼儿的挑战也不断增加。

每次游戏后，都请幼儿讨论一下这次游戏的体会，有什么小技巧，从中提炼经验，以便更好地参与下面的游戏。

在活动过程中，要特别注意安全问题，尤其是增加障碍物之后，有些幼儿平衡能力欠佳，会出现被障碍物绊倒的情况，所以老师要近距离跟随幼儿，注意安全。

22 躲避球

设计教师：王丽娇

活动名称：躲避球

适用班级：大班

1. 通过游戏，幼儿能够躲避他人扔过来的球，锻炼幼儿的身体灵活性。

2. 积极主动参与游戏，体会游戏带来的乐趣。

音乐、球。

（一）开始部分

幼儿随音乐做放松准备（放松全身，体会律动带来的乐趣）。

（二）进行部分

1. 讲解游戏规则：场地中画圈，幼儿都站在圈中，不能出去，圈外有一人向圈里投球，被打到的幼儿或者自己跑出圈的幼儿出局，最后留在圈里的幼儿获胜。

2. 幼儿进行游戏：

（1）第一次游戏：

玩法：由老师投球，幼儿都在圆圈中，老师围着圆圈走动，并不时投出一球。

幼儿体会躲避球的乐趣，锻炼身体灵活性。

（2）第二次游戏：

玩法：由获胜的两名幼儿投球，老师当裁判。

幼儿躲避难度增加，练习更灵敏地进行躲闪。

（3）第三次游戏：

玩法：由获胜的四名幼儿投球，难度继续增加。

幼儿集中注意力进行躲闪，投球的幼儿练习投掷的准确性。

（三）结束部分

幼儿听轻音乐，随老师做放松运动。

活动反思

1. 由于是活动量比较大的游戏，所以在整个游戏过程中，幼儿的情绪都比较高涨，积极参与游戏，所以要适时进行放松。

2. 游戏之前最好试着玩一次，这样幼儿对于规则、注意事项都会有一个大致的了解，幼儿都能理解并记住，减少幼儿犯规行为的出现。

3. 在经验总结方面，每次幼儿玩过之后自己总结经验，更有启发性。

4. 对于30分钟的游戏来说，准备活动时间要短一些，否则会导致后面游戏玩得不充分，如果有时间，可以再玩一遍，增加难度。

23 种粮、收粮

设计教师：王丽娇

活动名称：种粮、收粮

适用班级：大班

活动目标

1.幼儿探索上下肢同时协调动作的方法，提高三人合作走过障碍时的身体灵敏性。

2.有初步的竞争意识，感受与他人共同游戏的快乐。

活动准备

平衡木、呼啦圈、椅子、沙包、小熊头饰。

活动过程

（一）开始部分

和老师一起活动手脚

（二）进行部分

1.游戏一：种粮食

游戏规则：幼儿分两组，分别种粮。每组派一位小朋友手里拿一颗种子，一只脚踩进呼啦圈，把手里的粮食种子种进去，然后跑回来；第二位小朋友出发，跑到前面的呼啦圈里，将长出的粮食收回家，最后看哪一组收的粮食多。

2.游戏二：毛毛虫运粮

游戏规则：每次3人一起玩，第一个呼啦圈套在前面两人身上，第二个呼啦圈套在后面两人身上，三人一起跑过独木桥，绕过小椅子到达终点，运的多的一组获胜。

讨论：怎样使大家配合着快步向前进？

（三）结束部分

和老师一起做韵律操。

依次增加幼儿的数量，将毛毛虫的身体加长，难度会更高。

本次活动重点是幼儿之间的相互配合，尤其是第二个游戏，大家被呼啦圈套在一起，要动一起动，而且要求方向、频率要一致，这对于幼儿来说，本身就是一个挑战，随着活动的进行，从3个人慢慢增加，难度也会越来越大。幼儿之间的配合：快慢、方向、步调、过障碍物的配合，这些都是严峻的挑战。

24 极限挑战赛

设计教师：吴爽

活动名称：极限挑战赛

适用班级：大班

活动目标

1. 能运用小椅子开展体育游戏，幼儿练习平衡、助跑跨跳等动作，提高身体的协调性和平衡能力。

2. 幼儿愿意在活动中克服困难，能够和同伴合作共同完成任务，感受合作游戏的快乐。

活动准备

经验准备：幼儿在日常生活中玩过平衡游戏、基本掌握跨跳动作。

物质准备：小椅子、报纸、软球若干、松紧带、音乐、软垫。

重点

通过游戏，提高幼儿身体协调性和平衡能力。

难点

幼儿能够在翻越椅子的过程中保持身体的平衡。

活动过程

（一）开始部分

1. 在音乐的伴奏下，幼儿入场。

2.游戏前的热身活动，活动身体各个部位，重点在下肢动作。

（二）进行部分

幼儿尝试参与游戏活动，提高身体的协调性和平衡能力。

1.引导幼儿回忆，激发幼儿参与兴趣。

指导语：平时生活中小椅子是干什么用的？今天老师要用小椅子带你们玩一个游戏。

2.提出活动主题，幼儿练习平衡、跨跳动作，并愿意在活动中克服困难。

（1）情境游戏——"翻山越岭"

玩法：幼儿分组，将椅子摆成一排，想办法越过障碍。

指导语：请小朋友们在翻越大山时一定要注意把腿抬高，不要让椅子背绊倒自己。最后轻轻跳下来，落地时双腿弯曲，保护自己的膝盖。

（2）情境游戏——"小花篮"

玩法：幼儿趴在椅子上，腹部贴在椅子面，双手向后勾住双脚的脚踝，坚持住。

指导语：刚才你们已经闯过了第一个障碍，下面请小朋友用双手勾住自己的脚踝处，头往后仰，坚持住。

（3）情境游戏——"跨越鸿沟"

玩法：将椅子背对背放好，中间相隔3~5米距离，分别在椅子背、椅子腿的部位拉好松紧带，幼儿可自由选择挑战难度，利用助跑跨跳的方式，跨越过障碍。

指导语：孩子们，想要跨越鸿沟，需要你们用助跑跨跳的方式，跨越过这个障碍，你们有没有信心？

（4）情境游戏——"合作送宝"

玩法：将椅子面对面摆成两排，中间间距50公分，两个小朋友为一组，站在椅子上面对面站好。两人合作握住报纸的一端，纸上放一个小球，两人用横走的方式，将小球运到终点。

指导语：这个障碍和之前的有点不同，是需要两个人共同配合才能完成的，希望你们两根人在运宝的过程中相互配合，商量一下用什么好方法才能不让小球从弹力盘上掉下来。

（三）结束部分

幼儿集体舞，放松身体。

可以鼓励幼儿发挥自己的想象力，创新开展有关椅子的新游戏。

椅子是孩子们日常生活中离不开的好伙伴，在平时的活动中，幼儿就很喜欢有意无意地玩些椅子游戏，如把椅子当马骑、当摇椅、当滑梯等，但这些游戏往往因担心安全问题而被限制。

根据幼儿的这些特点，满足幼儿好玩的心理，我设计了这次的教学活动，通过椅子游戏，练习幼儿跨跳、平衡的动作，同时练习孩子们之间的合作能力和身体的灵活性。

本次活动主要是以《3~6岁儿童学习与发展指南》为精神，幼儿主动参与为主旨，运用多种教学方法来开展活动。如游戏法在整个活动中就较为突出，我运用了大班孩子喜欢的"挑战赛"的游戏情境贯穿游戏的始终，鼓励孩子们一关一关地完成挑战任务，老师也根据孩子们的能力水平，提供了不同难度的挑战内容，同时也会根据孩子们当时完成的情况，随即调整游戏难度，激发了孩子们参与活动的兴趣，也满足了不同能力水平的幼儿。

在活动中，跨跳的动作难度较大，活动开始前，我和孩子们提炼了动作要领，让幼儿反复练习，我随时注意幼儿的安全，为他们准备了软垫，在难度系数高的组，老师还会进行保护。

在活动最后，组织幼儿进行了合作集体舞，整个活动考虑到幼儿的运动负荷，激缓结合。

在活动中，我把大部分时间让给幼儿活动，如给每个幼儿一张椅子，以减少等待，减少不必要的整队，从而使活动具有一定的运动密度和强度。同时我也注意了幼儿上下肢的协调发展，开展了"抢地盘"和"椅子塔"的游戏，练习了幼儿的上肢力量。

25 紧急救援

设计教师：吴爽

活动名称：紧急救援

适用班级：大班

1. 能运用垫子开展体育游戏，幼儿练习上下肢肌肉的力量，提高身体的协调性和力量素质。

2. 积极参加体育活动，愿意在活动中克服困难，感受合作完成任务后的快乐。

垫子 12 块、音乐、单元桶 8 个、腕玲 8 个、皮筋若干。

通过游戏，锻炼幼儿上下肢的力量。

幼儿能够根据"电网"的高低，随时调整自己运送伤员的方法。

活动过程

（一）开始部分

1. 在音乐的伴奏下，幼儿入场。

2. 热身活动《加油歌》。

（二）进行部分

幼儿尝试参与游戏，锻炼上下肢的肌肉力量，提高身体协调性。

1.情境游戏"横渡险桥"

玩法：幼儿分成四队，每组摆三块垫子，幼儿以接力的方式横向手脚并用爬过垫子，哪组最快为胜。

指导语：请小朋友用手脚着地横着爬的方法通过大桥，将医疗药品运送到前线的医院里。

2.情境游戏"跳过高墙"

玩法：幼儿可根据自己的能力水平选择不同高度的垫子，向上跳到垫子上，然后再跳下来。

指导语：前面的道路上遇到了一面高墙，咱们的营救员能不能跳过这座高墙？

3.情境游戏"紧急救援"

玩法：幼儿分成4组，每组选出一名幼儿扮演伤员，其他幼儿扮演救援人员。救援人员合作抬起垫子，将伤员运送到安全地带。

指导语：请小组人员相互商量一下，谁当伤员，怎样将伤员平稳地运送到安全地带。

小提示：此环节，老师可提供网子作为"电网"，设置出"高、中、低"三个不同难度的关卡。

（三）结束部分

幼儿集体舞，放松身体。

根据大班幼儿的年龄特点，孩子们在游戏中喜欢充满挑战性和竞赛性质的游戏，因此在本次活动中我以"救援伤员"和"小组竞赛"的游戏方式贯穿活动的始终，孩子们也在游戏中投入了较高的热情，参与活动的主动性比较强。

在幼儿园体育活动中，孩子们的下肢力量和耐力经常得到训练，反之上肢力量却缺乏练习，因此在今天的活动中，我以"抬伤员"的游戏情境引入，在活动过程中练习孩子们上肢肌肉力量和耐力的练习，共同合作完成任务。同时运用垫子进行了向上纵跳、手脚着地横向爬的游戏，兼顾了上下肢和全身动作的锻炼。

幼儿在游戏过程中，为了避免孩子出现摔伤的现象，老师在每一个环节都投放了软垫作为保护措施，配班老师也在旁边协助老师，保证了孩子们的安全。

26 兔宝宝逛公园

设计教师：须妍

活动名称：兔宝宝逛公园

适用班级：小班

活动目标

1. 幼儿愿意探索榻榻米的多种玩法，听信号提示做出跳跃或奔跑的动作。

2. 初步感知游戏规则，体验用生活材料做运动游戏的快乐。

活动准备

经验准备：会玩布艺飞盘。

物质准备：榻榻米人手一块、体操垫若干、兔子头饰一个、狐狸头饰一个、音乐《亲亲小兔子》。

重点

探索榻榻米的多种玩法。

难点

将榻榻米当飞盘的投掷方法。

活动过程

（一）开始部分

《早操歌》："今天天气真正好，小兔小兔起得早，伸伸懒腰洗洗脸，揉揉眼睛捋捋毛，肚子饿得咕咕叫，快来出去拔萝卜。东瞧瞧，西看看，好吃的萝卜在这里，拔呀拔呀拔不动，拔呀拔呀拔不动，拔呀拔呀拔动了，拔出萝卜真开心。"进行准备活动。

（二）进行部分

兔宝宝逛公园

1. 创设游戏情境：每个兔宝宝取一个榻榻米一起开车去公园——模拟"方向盘"。

重点指导："可以怎样开车？"在开车途中引导幼儿分别做出停车、开车、倒车、拐弯的动作，保护小汽车不能互相碰撞。

2. 继续探索榻榻米的其他玩法——"踏石过河"。

重点指导：前面有"小河"，我们怎么才能过河去？

引导幼儿将榻榻米放到小河中变成"石头"，边唱儿歌边从"石头"上双脚跳过去。

3. 鼓励幼儿探索更多的玩法——"飞来飞去"。

重点指导：引导幼儿将飞盘向远处扔，看谁的飞盘飞得高、飞得远。

4. 创设妈妈讲故事的情境"狐狸和小兔"，听信号做出对应的动作。

如果狐狸出现，马上跑回家，站在"家"（榻榻米）里面，

狐狸走了，用双脚跳的动作离开"家"，重复游戏。

5. 教师摇动铃鼓表示下雨了，请幼儿把榻榻米变成小雨伞顶在头上，练习提着脚尖走，不要让地上的水弄湿小脚丫，走到草地（体操垫）上，将榻榻米放在垫子旁边。

（三）结束部分

请幼儿把自己当成兔宝宝自由地躺在垫子上晒晒身上的毛、晒晒小肚皮、捋捋毛、蹬蹬腿，听音乐《亲亲小兔子》，和妈妈一起边做动作边走回家里去，活动自然结束。

尝试两个人一组进行合作的榻榻米游戏。

通过本次活动，我运用榻榻米带领小班幼儿开展一物多玩的体育活动。结合《3~6岁儿童学习与发展指南》精神和小班幼儿的年龄特点，我运用各种游戏贯穿整个教育活动。让孩子们能够自主参与活动，提高幼儿上下肢力量、躲闪能力以及身体的协调能力。在本次活动后我总结一下本次活动的优点和不足：

优点是教师设计的活动符合小班幼儿的年龄特点，幼儿喜欢参加集体体育游戏，对本次活动感兴趣。教师运用一种材料开展多种技能的练习。

不足是教师的语言应该再精简，多关注个别幼儿并给予指导和帮助。

27 闯三关

设计教师：须妍

活动名称：闯三关

适用班级：大班

活动目标

1. 尝试探索前脚掌用力、双手拉紧手把、曲腿向前跳的跳跃方法，提高身体的协调性。

2. 在体育游戏中幼儿敢于尝试挑战，体验成功的快乐。

活动准备

经验准备：有玩过挑战游戏的经验。

物质准备：弹跳鞋、单元桶、队列、游戏音乐、闯关图、信封、颜色点、奖杯。

重点

能够团结合作完成挑战。

难点

用前脚掌用力、双手拉紧手把、曲腿向前跳的跳跃方法穿弹跳鞋进行游戏。

活动过程

（一）开始部分

听口令变换多种队形，做游戏前进行热身活动，重点练习腿部动作。

（二）进行部分

1. 幼儿自由探索，与同伴分享弹跳鞋的多种玩法。

尝试运用探索出的一种玩法进行"闯三关"游戏。

2. 创设游戏情境——"闯三关"，通过图示探索出穿弹跳鞋连续跳闯关的好方法。

第一关：穿着弹跳鞋原地连续跳十下，则闯关成功，发放对应的小奖杯。

第二关：穿弹跳鞋直线连续跳一定距离，则闯关成功，发放对应的小奖杯。

第三关：跳"S"形路线向前连续跳到终点，则闯关成功，发放本次活动的大奖杯。

（三）结束部分

全班集体舞，自然结束。

活动延伸

弹跳鞋动作熟悉之后进行有节奏的弹跳和多种路障的练习。

活动反思

通过本次活动，我运用弹跳鞋带领大班幼儿开展合作挑战的体育游戏。结合《3~6岁儿童学习与发展指南》精神和大班幼儿的年龄特点，我运用各种游戏贯穿整个教育活动。让孩子们能够自主地合作参与活动，提高幼儿上下肢力量、躲闪能力以及身体的协调能力。在本次活动后我总结一下本次活动的优点和不足。

优点是本次活动的设计符合大班幼儿的年龄特点，有效激发了大班合作的开展和充满挑战的游戏。

不足是个别幼儿在掌握弹跳鞋的游戏方法时会遇到一些困难，教师应进一步帮助需要帮助的幼儿。

28 团结合作去做客

设计教师：须妍

活动名称：团结合作去做客

适用班级：大班

1. 尝试四人共同协作完成游戏，提高肢体的耐力及身体协调性。

2. 在体育游戏中愿意克服困难、勇于挑战，体验合作游戏的快乐。

经验准备：有 2~4 人合作的基础。

物质准备：拱形门 16 个、魔法棒 8 根、房子一个、箱子 6 个、平衡木 3 个、奖励贴若干、音乐。

能够根据不同材料设置不同的困难，合作游戏。

四个人不分开，合作完成挑战。

（一）开始部分

队列和准备动作的热身活动，调动幼儿参与游戏的兴趣。

（二）进行部分

1. 创设游戏情景，尝试四个人协作进行跑、蹲走以及平衡游戏。

重点指导：四个人的动作要进行协调和练习。

（1）鼓励幼儿自由分组，通过自由探索，尝试大胆想出把四个人连在一起的好方法。

（2）教师以"仙女"身份给幼儿提出游戏要求：在游戏过程中注意不分开、不摔倒。

2. 情境游戏："做客美食屋"——四人共同运货跑到美食屋。

（1）"做客美装屋"——四人共同蹲着走过电网路到美装屋。

（2）鼓励幼儿四人合作，克服在路上遇到的困难，帮助幼儿提升经验。

3. 提高路障难度，再次巩固幼儿的合作经验，同时在游戏中学会保护自己及同伴。

再次做客魔法屋——四人共同走过小桥来到魔法屋。

（三）结束部分

放松缓冲身体——集体舞，活动自然结束。

通过本次活动，我结合《3~6岁儿童学习与发展指南》精神和大班幼儿的年龄特点，运用各种合作游戏贯穿整个教育活动。让孩子们能够自主结对想办法完成各种挑战任务，提高幼儿上下肢力量、躲闪能力以及身体的协调能力。在本次活动后我总结一下本次活动的优点和不足。

优点：教师设计的活动符合大班幼儿的年龄特点，他们喜欢参加合作挑战游戏，教师的情绪情感能够感染幼儿。

不足：需要关注幼儿的平衡能力，进一步进行有针对性的指导练习。

29 送小动物回家

设计教师：杨毅

活动名称：送小动物回家

适用班级：小班

活动目标

1. 幼儿尝试合作进行持物协同走、跑的动作，激发爱护小动物的情感。

2. 初步体验和同伴一起合作的快乐。

活动准备

经验准备：幼儿有过两个人合作搬运物体的经验。

物质准备：毛绒动物、自制担架、小树。

重点

幼儿持物协同走、跑。

难点

两个人用棍抬物体走、跑。

活动过程

（一）开始部分

1. 听音乐进入场地，进行队列练习和准备动作。

2. 两名幼儿手拿两根纸棍，跟着音乐做热身运动（上肢、下肢、腿部、全身）。

（二）进行部分

1.两名幼儿手拿两根纸棍，按老师示范的动作进行协同游戏练习。

2.创设游戏情境，尝试两人合作一起送小动物回家。

第一遍游戏：两个小朋友用担架把小动物送回家。

重点指导：协同走跑时前进的速度要一致，避免把小动物掉到地上。

第二遍游戏：两个小朋友用担架抬着小动物绕过小树林，把小动物送回家。

重点指导：两个小朋友抬担架绕行时不要把树碰倒，并照顾到后面小朋友的拐弯。

（三）结束部分

两个小朋友听音乐做放松活动，幼儿与老师一起把场地收拾干净整齐。

可以运蔬菜、水果。

增加游戏难度，如俩人抬着担架钻山洞等。

　　活动从一开始的热身，两个小朋友一起拿着纸棍做运动，幼儿就很感兴趣，在热身运动中两个小朋友互相配合做动作。在尝试合作协同走跑的过程中，两个小朋友找到了两个人配合的好方法。在游戏的过程中，幼儿争着要把小动物送回家，爱小动物的情感很自然地就流露了出来，但有的小朋友因为太着急把小动物送回家，在跑动过程中把小动物掉在了地上，还有的因为前面小朋友跑得太快了，后面的小朋友有点跟不上，但经过游戏后老师与小朋友一起总结，孩子知道了两个人的配合很重要，在第二遍游戏时，孩子们都做得很好，顺利地完成了老师预设的目标。

30 喂喂小动物

设计教师：杨毅

活动名称：喂喂小动物

适用班级：小班

 活动目标

1. 幼儿能够用单手肩上投掷的方法向指定目标物进行投掷，提高上肢的能力。

2. 愿意参与投掷游戏，感受参与集体游戏的快乐。

 活动准备

经验准备：会做《早操歌》的律动，有向上、向前投掷的基础经验。

物质准备：流星球、皱纹纸，贴有小动物头的纸箱子。

重点

瞄准目标物向指定方向投掷。

难点

投掷时手臂从头顶把球掷出。

 **活动过程**

（一）开始部分

1. 听音乐走队列进入场地。

2. 随着音乐，跟老师做一些准备活动（弯弯腰、踢踢腿、伸伸臂）。

（二）进行部分

1. 创设情境：小动物饿了，幼儿自由练习向前面贴有小动物头的纸箱子进行投掷。

2. 通过教师示范、幼儿模仿，练习用流星球喂小动物的方法。

重点指导：站在起始投掷线后，投向小河对面的小动物家。

3. 再次通过投掷练习巩固基本动作，能够尝试同时进行点数和计数。

重点指导：幼儿自己选择喜欢的小动物去喂。

进行点数和计数：喂了几只动物？一共喂了小动物几个好吃的？

（三）结束部分

听音乐，与老师一起做放松活动，帮老师把活动中的东西拿回班。

鼓励幼儿用非主力手进行投掷，以达到四肢的平衡发展。

活动反思

我在组织幼儿玩"喂喂小动物"的游戏时，游戏刚开始，幼儿基本都能按照要求站在线后面进行投掷，可没过一会儿，幼儿为了能每次都投到小动物的"嘴里"，出现了挤到小动物跟前，在很近的距离下，非常容易地把"食物"投到了小动物的"嘴里"，完全忘了游戏规则。

小班幼儿本身规则意识就很差，再加上他们往往只对结果感兴趣，对游戏活动的过程并不是很重视，因此如果老师设计的游戏过程不是很吸引幼儿，那显然他们就会为了完成结果，不去理会活动过程。

为了激发幼儿对游戏的兴趣，于是我把游戏过程行了调整，先请幼儿学习小兔跳来到小河边，然后拿着流星球站到河边再去打河对岸的大灰狼，经过这样临阵发挥，既增加了幼儿感兴趣的游戏情节，还帮幼儿很巧妙地进行了错误动作控制——如果幼儿为了打大灰狼迈过蓝线，就会掉到河里被河水冲走而无法再参加游戏了。经过这样调整，不遵守游戏规则的幼儿明显减少了，而且都能够在游戏的情境里很愉快地进行游戏，从而很好地完成了老师制定的目标，达到预期的效果。

31 踢足球

设计教师：张婉婷

活动名称：踢足球

适用班级：大班

1. 初步尝试练习直线助跑脚内侧踢球，在踢球游戏中发展身体的灵活性和协调性。

2. 愿意和同伴合作，体验比赛带来的乐趣，提高合作意识。

人手一个足球、拱形门、两个球门。

重点

在踢球游戏中发展身体的灵活性和协调性。

难点

体验直线助跑脚内侧踢球的方法。

（一）开始部分

1. 幼儿有精神地进行队列练习。

2. 热身运动：跟着律动音乐做热身运动。

（二）进行部分

1. 练习带球：幼儿接力练习带球。利用接力赛的形式练习。

2. 初步尝试直线助跑脚内侧踢球的游戏过程。

（1）教师示范，鼓励幼儿初步体验。

指导语："刚才你们练习带球，用脚的什么位置踢的？"

指导语："现在你们来看我用的是脚的什么部位踢球？"

指导语："踢球前，我站在了什么位置？"

（2）幼儿分组练习。

要求：贴着同一颜色标志的三个小朋友找一个球门练习。

（3）师生共同分享直线助跑脚内侧踢球的方法。

3. 对抗游戏活动——"大家一起来踢球"，运用已有经验进一步感受成功踢球开展游戏的过程。

（1）介绍游戏规则，鼓励幼儿分组游戏。

游戏规则：贴同一颜色标志的为一组队员，一共两组队员。分别站在相对的两条白线上。中间画一条分界线。每组的队员要把球传给对方，每组队员既要进攻，也要防守。球的数量为一组的队员数。每组队员各八名。

（2）游戏小结："一些队员在比赛中，尝试了用脚内侧踢球。我们今天是第一次练习，没关系，没有用这个方法的，以后我们可以多练习，感受一下。"

（三）结束部分

听音乐，给自己的队员进行放松，捶捶背、拍拍腿。

日常户外活动中开展集体足球赛。

游戏规则：想办法把球踢进对方的球门。

本次活动难点是"直线助跑脚内侧踢球"。对于幼儿有一定的挑战性，幼儿有主观的意识去尝试，个别幼儿能够做出这个动作。从带球、对抗赛到足球赛，是包含了带球和踢球的动作，所以做了分解练习，带球是复习、直线助跑内侧踢球是新的动作，也是难点。我没有将助跑和脚内侧踢球分解开给幼儿练习，因为我认为这是幼儿在练习中能逐渐感受和体验的。在分小组练习的时候，有一个现象是个别孩子可能没有练成，另一些很积极、很主动的幼儿占了上风，这个环节设计的时候应该更加具体些，场地也应该再拓宽。比如在每个队员身上标上号码，场地也标上号码，对于游戏可能就会更加便捷，幼儿就直接能找到相应的位置练习。同时场地可以将中一班也利用上，这样幼儿能够得到更充分的练习。"对抗赛"游戏，幼儿有游戏的经验，本次活动中强调了以新的技能为基础再次开展。"足球赛"的开展，给幼儿的规则就是想办法踢进对方的球门。我觉得不需要过多的规则。只是当球到了太出界或者到了死角孩子不便于踢的时候，暂停，由教师拿球再重新开始。在现场中，个别幼儿为了守住球门，一直待在球门位置，我去提示了幼儿，这样自己队的力量就小了，于是孩子们都去进行抢球，参与到游戏中。所以整个活动，我以发展幼儿的身体素质为重点、新的动作为难点。

32 平衡走

设计教师：张婉婷

活动名称：平衡走

适用班级：大班

活动目标

1. 在宽窄不同、高矮不同的平衡材料上练习上身直立，平稳地走，发展身体的平衡能力及协调性。

2. 愿意参加体育活动，在合作游戏中体验成功的快乐。

活动准备

1. 经验准备：幼儿有练习平衡的游戏经验，用椅子开展过游戏。

2. 物质准备：积木、椅子、桌子。

重点

能够平稳地走过平衡材料。

难点

在宽窄不同、高矮不同的材料上平稳地走过去。

活动过程

（一）开始部分

1. 准备活动：热身律动，活动全身关节、肌肉。

2.平衡游戏。

（1）双脚着地，脚尖踮起站立，手臂侧平举。然后单脚脚尖站立，练习保持身体的平衡。

（2）扮演"小杂技员"，在椅子上摆出一些造型。

（二）进行部分

1.利用积木搭建"小桥"，在"小桥"上练习上身直立、两手侧平举平衡走。

（1）幼儿分组搭建小桥。

（2）幼儿分组练习在"小桥"上平稳地走。

2.利用椅子搭建"小桥"，在"小桥"上练习上身直立、两手平举平衡走。

在小椅子上练习，难度增加，引导幼儿在练习中注意双手侧平举，走步时步幅要小，摆腿要低。

3.利用桌子在不同宽窄、不同高度的材料上练习平衡走的基本动作。

（1）引导幼儿上身要正直，两手侧平举地平衡走。

（2）引导幼儿知道宽度变宽，走步时步幅可以大一些，摆腿还是要低。

（三）结束部分

1.游戏：抢椅子的游戏。

2.引导幼儿整理活动场所，自然结束。

活动反思

平衡能力是本班幼儿的弱项，因此要设计不同形式的体育活动来发展幼儿的平衡能力。在本次活动中，充分调动幼儿的积极性，体现大班幼儿合作的能力，在商量合作中进行练习，孩子们都投入到游戏当中。活动的初衷是将游戏从易到难进行，但是活动过程中发现，利用积木来练习平衡是最难的，利用椅子练习是最容易的。积木低并且窄，类似马路牙子，所以对幼儿的平衡能力要求更高。在桌子上练习，材料宽，但是有高度，所以有的幼儿在走的时候也会有一些胆怯。因此，在日常游戏中，需要进一步促进幼儿平衡能力的发展。

33 钻洞喂青蛙

设计教师：张婉婷

活动名称：钻洞喂青蛙

适用班级：中班

 **活动目标**

1. 练习正面钻、侧身钻的基本动作，提高身体的控制力和柔韧性。

2. 乐意接受挑战，遵守游戏规则。

 **活动准备**

高低不同的拱形门若干、皮筋、沙包、青蛙挂饰。

 重点

在钻爬游戏过程中提高幼儿身体的控制力与柔韧性。

 难点

能运用侧身钻的方式通过各种障碍。

 **活动过程**

（一）开始部分

1. 伴随音乐整齐、有序、精神抖擞地走队入场。

2. 与同伴一起热身运动，进行全身准备活动。

（二）进行部分

1. 游戏情景导入，激发幼儿参与游戏的愿望。

指导语："春天到了，池塘里的青蛙都钻出来了，今天咱们有一个重要的任务，要去喂青蛙。但需要钻过三个山洞才能实现。让咱们先来练习一下怎么钻洞洞好吗？"

2.分组初次尝试游戏，鼓励幼儿采用不同的方式通过山洞。

（1）交代游戏意图，鼓励幼儿尝试。

指导语："每组小朋友先自己去试一试，你可以用什么方法钻过山洞？"

（2）师生共同分享并展示各自钻过山洞的不同方式（即正面钻、侧身钻）。

3.进入情境游戏——"钻洞喂青蛙"，体验分享游戏过程中各种钻的动作的不同感受。

（1）介绍第一遍游戏的规则，带领幼儿开展竞赛游戏，发展幼儿运动中的控制能力。

A.游戏规则：三组幼儿进行游戏，从第一名幼儿开始分别钻过三个山洞后，用沙包投掷喂青蛙。然后跑步回来与第二名幼儿接力。喂的食物最多者为胜。

B.游戏建议：本次游戏幼儿可以选择使用正面钻、侧身钻的两种方式进行游戏。

（2）运用已有经验进行第二轮游戏，挑战新难度；感受侧身钻的动作，提升身体的柔韧性。

教师将山洞（拱形门）变矮，挑战新的游戏难度。

A.指导语："经过我们的努力，大青蛙已经被我们喂饱了。但还有一些小青蛙没吃到食物呢，它们生活在更加矮小的山洞的那边，你们还想不想挑战一下钻过更矮的山洞去喂喂它们呢？"

B.游戏规则：三组幼儿继续开始游戏，从第一名幼儿开始分别钻过三个山洞后，捡一个沙包跑回来接力第二名幼儿。

（三）结束部分

放松活动，拿着手里的沙包用头顶、背顶、肩膀顶等各种方法走一走。

本次活动的设计主要为了发展幼儿钻爬能力，提高腿部肌肉力量。在幼儿自由尝试环节，幼儿用不同的方式钻过山洞。很多幼儿第一反应会提取以往"爬"的经验过山洞，少数幼儿能够探索出"钻"的动作。通过幼儿的示范来展示"钻"的动作，引导全体幼儿来练习。同时通过不同难度的游戏来促进动作的发展和身体素质的发展。幼儿对游戏也非常感兴趣，注重了上下肢的协调发展。

在游戏中发现，侧面钻是需要进一步练习的动作。侧面钻的重点体现在单侧腿肌肉力量上，所以在活动中应需要对侧面钻的动作进一步引导，鼓励幼儿勇敢战胜困难。

34 争做小小杂技员

设计教师：章楠

活动名称：争做小小杂技员

适用班级：大班

 **活动目标**

1. 幼儿能够大胆尝试各种平衡器具，体验掌握平衡的各种方法，提高身体的平衡性和协调性。

2. 感受与他人共同游戏，能够建立体验坚强勇敢、不怕困难的意志品质。

 **活动准备**

音乐、高跷、不锈钢小碗、通关卡、平衡木、小椅子玩具筐。

 重点

多层次、不同难度的平衡练习。

 难点

利用不同器械时都能够较好地应用平衡的动作要领。

活动过程

（一）开始部分

利用根据数字做动作的游戏和抱团游戏作为热身活动。

（二）基本部分

1. 游戏情境导入：以杂技团要挑选杂技演员的情境引入游戏。

幼儿自由选择不同的材料进行感受和体验，小组交流自己的平衡经验。

2.教师介绍玩法：幼儿每闯过一关可以得到一张通关卡，直到通过三关后方可过关。

第一关："稳如泰山"请挑战者脚踩高跷迈过障碍物，平稳通过者为挑战成功。找老师领取通关卡。

第二关："四平八稳"请挑战者将身体变为"四腿桌面"，肚皮朝上运送沙包，沙包中途不掉者为挑战成功。

第三关："顶天立地"请挑战者头顶小碗走平衡木，碗不掉顺利通过平衡木者挑战成功。

（三）结束部分

通过传椅子接龙的游戏作为结束游戏。

活动延伸

幼儿掌握了基本的方法之后，可以激发大班孩子爱挑战的欲望，加大路障碍的难度进行练习和巩固。

活动反思

在活动开始部分我没有运用以往的动作去热身，而是利用室内的小椅子听信号做动作的方式去让孩子热身，已调动孩子的积极性。在活动中幼儿的参与性很高，每个孩子都在努力地为成为小小杂技演员而努力通关，热情高涨。在每通过一关得到一个通过卡后更是让孩子的积极性一发不可收，我并没有要求孩子必须通过三关才可以算通关成功，而是让孩子通过两关就可以过关，这样让能力稍微差的孩子也能够享受成功的喜悦。

因为是平衡性的体育活动，所以相对来说比较静，于是我特意安排了在通过两关后加入集体跳《小苹果》舞蹈的啦啦操，将活动推向高潮。在活动的尾声再次利用小椅子完成了放松活动即椅子接龙游戏，孩子们站在椅子上不光放松了身体，同时也对孩子的身体平衡性再次进行了练习，做到了首尾呼应。

体育游戏

01 小袋鼠邮递员

设计教师：丁宁

游戏名称：小袋鼠邮递员

适用班级：小班

游戏目标

1. 练习双脚立定隔物跳的动作，尝试跳过一定高度的障碍，提高下肢肌肉力量。

2. 喜欢参加户外体育游戏，感受集体游戏的快乐。

游戏准备

1. 经验准备：在能完成平地立定跳远的基础上进行。

2. 物质准备：皱纹纸制作的小河（高度：低）、易拉罐制作的大山（高度：中）、海绵纸制作的草丛（高度：高）。

游戏玩法

1. 教师扮演袋鼠妈妈，与小袋鼠练本领，激发幼儿参与游戏的兴趣。

2. 第一遍游戏：把皱纹纸剪成的弯弯曲曲的"小河"铺在地面上，引导幼儿扮演小袋鼠，跳过小河练本领。请幼儿说说自己是怎么跳过去的，教师总结动作要领。

3. 第二遍游戏：提高游戏难度，将两组高度不同的易拉罐"大山"排列在场地上，请小袋鼠练习跳过山坡到达对岸。幼儿根据自己能力选择尝试不同高度的山坡，教师指导动作。

4. 第三遍游戏：请小袋鼠当邮递员送信，通过一片高矮不一的"草地"。要求爱护草地，不要踩到青草。教师把海绵纸制作的草丛布置在场地上，幼儿尝试隔物跳跃，教师鼓励幼儿大胆尝试。

5.游戏结束：跳过草地之后，将信件按照上面的小动物照片送到相应的小动物"家"里，放松身体，结束游戏。

指导建议

1.游戏前检查场地，排除杂物，避免影响游戏发生危险。

2.保证游戏材料安全，损坏及时修理。

游戏附图

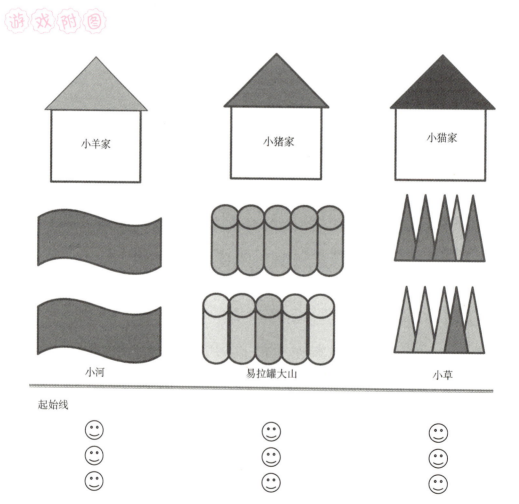

02 划旱船

设计教师：郭沁萍

游戏名称：划旱船

适用班级：小班

游戏目标

1. 幼儿在持物跑的过程中平稳地控制自己的身体。

2. 幼儿愿意参与体育游戏，体验一起游戏的快乐。

游戏准备

1. 经验准备：会说儿歌。

2. 物质准备：《小小的船》音乐、旱船（把废旧纸箱做成幼儿喜欢的动物形象）、玩具水果、果蔬饮料瓶（灌彩色的水，外边贴幼儿做的蔬菜水果）。

游戏玩法

1. 幼儿选择自己喜欢的小旱船造型，在水里自由进行划船游戏，能够主动绕开障碍进行持物跑。划船的时候见到小鱼要绕开，不能伤害到小鱼。

2. 熟悉路线之后划着旱船帮助超市给小猪送水果，同样需要绕过障碍持物跑。最后是难度最大的，帮助超市给小象送饮料（大小、轻重各不同的饮料瓶），练习绕过障碍持重物跑。

指导建议

1. 鼓励幼儿在日常的游戏中多尝试两个人一起进行划小船的游戏。

2. 听着音乐体验划旱船的节奏和动作。

小船小船真好玩，划到这儿，划到那儿。（活动重点：重复胳膊的划动）

划着小船跑起来。（活动重点：小跑步时活动踝关节）

划着小船藏起来。（活动重点：通过蹲起练习腿部的力量）

划着小船跑回来。（活动重点：通过蹲起练习腿部的力量）

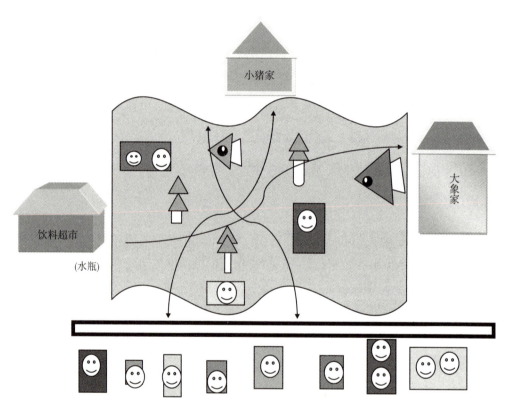

大小不同的自制旱船（大船供两人划，小船一人划）。

03 丁零零

设计教师：李菲

游戏名称：丁零零

适用班级：小班

游戏目标

1. 练习原地向上纵跳及双脚原地向上跳、连续向前行进跳的动作。

2. 体验跳跃游戏的乐趣，喜欢和同伴一起做跳跃游戏。

游戏准备

1. 经验准备：日常有初步的原地向上纵跳和连续向前行进跳的技能。

2. 物质准备：准备与幼儿人数相等的小铃鼓，绳子若干。

游戏玩法

1. 将小铃鼓别分悬挂在线上，幼儿自己选择适宜的铃鼓并站在铃鼓的下面，听到老师的口令模仿小青蛙向上跳起，鼓励幼儿成功碰响铃鼓。

2. 将幼儿分成4组，铃鼓从低到高依次悬挂在线上，一根线上悬挂6个铃鼓，一共4组。模仿小青蛙的幼儿可从低到高连续向前行进跳，边跳边向上触碰小玲鼓。然后返回再从高到底连续向前行进跳。

指导建议

1. 必须原地双脚跳。

2. 跳起后手触碰到铃鼓即可，不能用手抓铃鼓。

3. 日常尽量引导幼儿多观察小兔、小青蛙的形态和动作，为模仿做好准备，推动他们主动地参与此游戏活动。

4. 组织者注意根据幼儿不同身高调整垂挂物的高度。

第一种玩法：

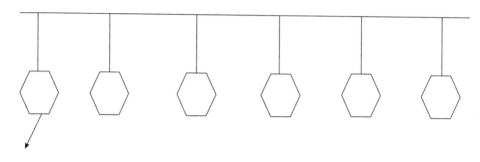

小铃鼓

第二种玩法：

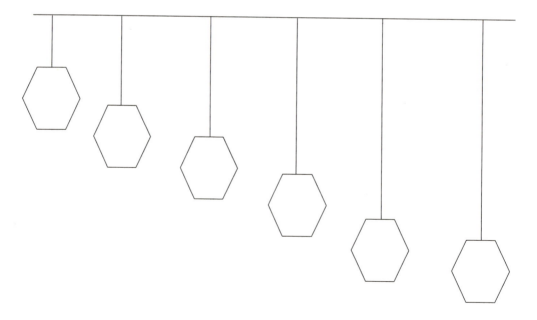

04 五彩圈响叮当

设计教师：李菲

游戏名称：五彩圈响叮当

适用班级：中班

游戏目标

1. 用单手肩上投掷的方法练习投准目标物，提高挥臂速度及手臂力量。

2. 能够自觉遵守线后投掷的游戏规则，体验击中目标物的成功感。

游戏准备

1. 经验准备：日常有初步的手肩上投掷的技能。

2. 物质准备：

第一组，铃铛和灰太狼图片的五彩圈 6 个，从高到低依次悬挂在线上。

第二组，铃铛和灰太狼图片的五彩圈 6 个，平行悬挂在线上。沙包若干。4 个不同距离的起始线（2 米、3 米、4 米、5 米）。

游戏玩法

1. 幼儿手持沙包站在起始线后，自己可选择不同高度的圈来投，将沙包投向圈内的灰太狼。

2. 幼儿手持沙包站在起始线后，从最低位置的圈投起，每投中一次灰太狼图片，可提升一个高度继续投，最终投中最高位置圈内的灰太狼图片。

3. 幼儿手持沙包站在起始线后，幼儿从最近的 2 米距离开始投，每投中一次灰太狼图片，即可向后移动一个格，最终移动到最远 5 米的距离。

1. 提示幼儿需要站在起始线后投掷。

2. 投掷的距离应根据幼儿能力而定，一般开始时宜稍微近一些。

3. 最好能让每个幼儿每次连续投 3 包，便于幼儿改进动作，提高投准能力。

4. 引导幼儿多投、多想。在投中时应提示和鼓励幼儿。

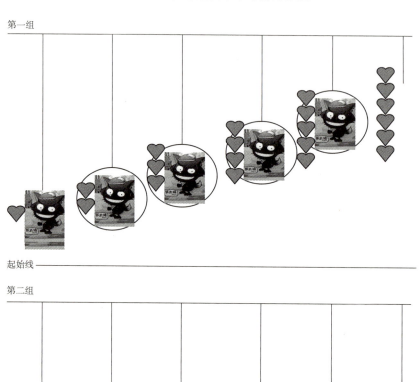

05　抓子儿

设计教师：李菲

游戏名称：抓子儿

适用班级：大班

游戏目标

1. 提高手部小肌肉群的灵活性及手眼协调能力。

2. 体验民俗游戏带来的快乐。

游戏准备

1. 经验准备：日常有初步的抓、抛、接（手背）的技能。

2. 物质准备：小沙包若干。

游戏玩法

1. 幼儿两人一组轮流进行游戏，取约十颗"子"，用一只手抛起，然后用手背接住，接住的"子"就归自己所有，最后比一比谁赢的"子"多。

2. 在能完成手心抛、手背接的基础上玩。用五个小沙包，抛撒在地上，捡起其中的一个向上抛出，尽快抓起地面上的一个"子"，再接住从空中落下来的那个"子"，这是抓一；接着是抓二、抓三、抓四，抓的时候手中的"子"要继续拿在手中。如果没有抓起或没有接住上抛的"子"，就算"坏"了，由其他伙伴接着玩。

指导建议

1. 抛起时要直上直下。

2. 要注意用一只手抛后，同一只手手背接住。

3. 第二种玩法是可以手心接。

4. 抛子、抓包、接子等反复一系列动作要连贯。

06 红灯绿灯小白灯（1）

设计教师：史少云

游戏名称：红灯绿灯小白灯

适用班级：中班

玩法一："红灯绿灯小·白灯"传统玩法

1. 能熟练地四散躲闪跑，提高身体的灵敏性和协调性。
2. 在玩民间游戏中感受与同伴间交往的快乐。

宽阔操场、灯饰、界线。

1. 玩游戏之前对幼儿提出要求，有一位小朋友在前面喊口号，这位小朋友边走边唱儿歌，后面小朋友集体从后面向喊口号的小朋友走过去。

2. 当这位小朋友唱到小白灯的时候回头看后面跟着的小朋友谁动了，看见谁动了就算犯规，需要到最开始的地方重新玩。

3. 当前面这位小朋友正在喊口号的时候，后面有小朋友拍到谁，其他小朋友就迅速往回跑，喊口号的小朋友去抓没喊口号的小朋友，抓到谁了谁就在下一次玩游戏时到前面喊口号。

玩法二："红灯绿灯小·白灯"改编版——"我的朋友遍天下"

1. 能灵活熟练地向四面八方四散躲闪跑。

2. 在玩民间游戏中寻找快乐。

操场准备。

1. 将传统游戏中幼儿从一侧行进到另一侧,其方向改变为从周围四个角落里向中间走向唱儿歌者。

2. 当唱儿歌的小朋友边走边唱,后面小朋友集体从四个方向向场地中间辐射性地走向喊口号的小朋友。

3. 唱到小白灯的时候回头看后面跟着的小朋友谁动了,谁动了就算犯规了,就要到谁最开始的地方重新走过来。

4. 当前面这位小朋友正在喊口号的时候,后面有小朋友拍到他,后面所有小朋友就迅速往走过来的四个方向跑回去,喊口号的小朋友去抓没喊口号的小朋友,抓到谁了谁就在下一次玩游戏时到前面喊口号。

玩法三："红灯绿灯小白灯"平衡弱项者版——"金鸡独立"

1. 能熟练地四散躲闪跑。
2. 在玩民间游戏中感受快乐。

操场准备。

1. 玩游戏之前要对幼儿提出要求，有一位小朋友在前面喊口号，这位小朋友一边走一边唱红灯绿灯小白灯，后面小朋友集体从后面向喊口号的小朋友走过去。

2. 当这位小朋友唱到小白灯的时候回头看后面跟着的小朋友谁动了，后面小朋友必须是单脚站立在原地，喊口号的小朋友看见谁动了或者不是单脚站立在原地的就算这个小朋友犯规，那这个小朋友就要到最开始的地方重新玩。

3. 当前面这位小朋友正在喊口号的时候，后面有小朋友拍到她了，后面所有小朋友就迅速往回跑，喊口号的小朋友去抓没喊口号的小朋友，抓到谁了谁就在下一次玩游戏时到前面喊口号。

07 虹猫蓝兔好朋友

> 设计教师：任咏泽
>
> 游戏名称：虹猫蓝兔好朋友
>
> 适用班级：大班

玩法一："钻树林"

游戏目标

1. 幼儿体验用腰部力量进行游戏的过程，提高身体灵活躲闪的能力。
2. 同伴间合作敢于挑战困难，体验成功的快乐。

游戏准备

1. 活动场地中间放置十棵"树木"。
2. 每棵树的制作方法：用三个奶粉筒竖立摞在一起进行连接，上面做成树冠（共10棵）。

游戏玩法

1. 角色分配：1 名幼儿扮演"虹猫"，其余幼儿扮演"蓝兔"。
2. 游戏时"虹猫"到树林里找"蓝兔"做朋友，"蓝兔"则在林中躲闪。
3. 被"虹猫"捉到的"蓝兔"变成"虹猫"一起参与捉"蓝兔"继续游戏。
4. 以最终没被捉到的"蓝兔"为胜，作为下次开始游戏的"虹猫"。

玩法二："遥遥乐"

游戏目标

幼儿用手臂和腰部力量及转体动作尝试游戏活动，提高运动中身体的灵敏性与柔韧性。

游戏准备

1. 自制 10 棵树木。

2. 每棵树的制作方法：用三个奶粉筒竖立起来进行连接，上面做成树冠，整体做成大树状（共 10 棵）。

游戏玩法

1. 将幼儿分成蓝猫、红兔各两组在场地两侧起跑线上分别站立。

2. 场地中间每组前放置 5 棵大树（奶粉桶制成）。

3. 其中一侧排头幼儿手持摇摇车逐一绕树呈 S 形向前方行进，进行迎面接力赛。

4. 游戏建议：在游戏中需要帮助幼儿建立必要的规则意识与安全意识。

08 图形打靶

设计教师：任咏泽

游戏名称：图形打靶

适用班级：大班

游戏目标

1. 能在一定距离外投掷击打目标物，提高手臂力量及投准的能力。

2. 能与同伴友好合作进行游戏，有敢于挑战困难的精神。

游戏准备

1. 正方形场地一侧为墙壁，墙壁上固定挂有高低不同的五个纸箱，纸箱的前侧分别掏有正方形、圆形、长方形和三角形的洞，将掏下的图形制作成中间带轴的图形纸板，两头固定在刚刚掏洞的纸箱洞口的位置。（使沙包打到图形纸板后，图形纸板会左右翻转）

2. 每个纸箱下坠有铃铛。

3. 距离墙壁五米处划条界线。

4. 沙包若干、记时器一个。

游戏玩法

玩法一：初级玩法——"图形打靶"

将五个纸箱分别固定在四面不同的墙壁上，幼儿可自由选择不同的墙壁、不同的图形来进行投掷游戏，同样落入小筐中算成功（游戏进行中播放欢快节奏的背景音乐）。

1. 投掷时站在线后，不能越线。

2. 在规定时间内统一收回投出去的或落在小筐中的沙包，防止误伤同伴。

玩法二：竞赛玩法——"百发百中"

参加游戏的幼儿分两组（一组 5 人），两组分别参加游戏。

1. 哨声一响，第一组 5 名幼儿在线后向墙壁上的五个纸箱上的图形纸板投掷，投中者纸板会自动翻转，沙包投入纸箱中，掉到纸箱下的小筐中，获得相应的分值（正方形为 1 分、圆形为 2 分、长方形为 3 分、三角形为 4 分）。

2. 一分钟时间到，投掷游戏停止，计算每个纸箱下小筐中的沙包数量，统计分数。

3. 换组继续进行游戏，第二组游戏方法相同，最后计算两组分值。分值高者获胜。

1. 幼儿投掷时保持在线后进行游戏。

2. 记时器响起，游戏时间到，马上停止投掷。

3. 由对方组幼儿负责统计分值。

4. 沙包击中铃铛落入小筐中也在记分范围内。

1. 两种玩法都可根据幼儿掌握投准技能的水平，自主调节投掷线的距离，根据幼儿的水平可调远或调近。

2. 游戏材料制作时建议将纸箱上的洞掏得比图形纸板面积大一圈，使沙包一旦投中图形纸板，纸板能自动灵活翻转（旋转纸板上画有小丑图像会更有趣）。

游戏附图

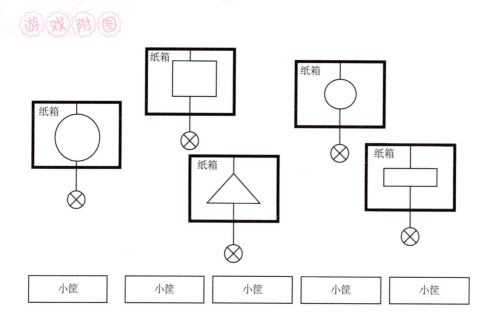

| 小筐 | 小筐 | 小筐 | 小筐 | 小筐 |

09 快乐的小老鼠

设计教师：史少云

活动名称：快乐的小老鼠

适用班级：小班

游戏目标

1.在情境游戏中提高幼儿身体敏捷性和灵活的躲闪能力。

2.使幼儿愿意参加民俗游戏，体验情境体育游戏的快乐。

游戏准备

1.经验准备：有追逐、躲闪的经验。

2.物质准备：歌曲《大王派我来巡山》、皱纹纸条若干。

游戏玩法

老师为每个幼儿准备一条尾巴，让幼儿来扮演自己喜欢的小动物，把尾巴系在后腰裤上。听到裁判员（老师）发出"开始"口令后，幼儿就相互揪别人的尾巴，直到最后一个"动物"的尾巴被揪掉，裁判宣布游戏结束。幼儿清点自己的战果，尾巴揪得多者为胜。

指导建议

1.场地确保安全、平整。

2.可以作为亲子游戏，大人抱着孩子，孩子之间相互捉尾巴。

游戏附图

10 狡猾的狐狸

设计教师：史少云

活动名称：狡猾的狐狸

适用班级：中班

游戏目标

1. 练习听信号四散追逐跑及躲闪能力。

2. 愿意参加集体游戏，体验游戏带来的快乐。

游戏准备

1. 经验准备：有玩过"狡猾的狐狸"是基本游戏经验。

2. 物质准备：背景音乐、拱形门四个。

玩法一："传统玩法"

幼儿围圈站好，闭上眼睛，双手背后握拳，教师在圈外，随机邀请一位幼儿扮演狐狸："狐狸先生也来参加了，我们一起欢迎他吧！"待幼儿睁开眼睛，齐声问："狡猾的狐狸，你在哪里？""狐狸"不做声，当问到第三声时，"狐狸"向前跳一步说："我在这里！"并追逐其他幼儿，被捉到的小朋友主动来到老师这里就不能再跑了。

玩法二："狐狸分家"

将小朋友排成一横排，然后按 1、2、3、4 报数，分成四组分布在场地的四个角落。小朋友们自由讨论决定由谁来当自己组的狐狸，然后其他小朋友一起邀请狐狸："狡猾的狐狸，你在哪里？"三遍以后，四组中的"狐狸"向前跳一步大声说："我在这里！"然后去追逐其他组的小朋友。

　　同组的狐狸不抓自己组的小朋友，抓到其他组的小朋友以后关进自己"家"里去，最后哪一组的小朋友数量最多就算获胜。

指导建议

活动场地宽敞平整。

游戏附图

玩法一：

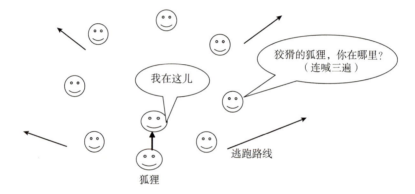

玩法二：

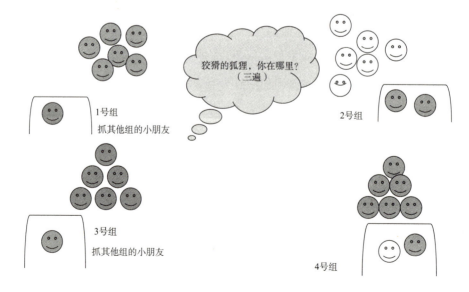

11 农夫和小猪

设计教师：李博

活动名称：农夫和小猪

适用班级：小班

游戏目标

1. 学会用一根棍子控制着沙包、瓶子或小球走向目的地。

2. 喜欢参加集体活动，感受成功的乐趣。

游戏准备

每个幼儿一根曲棍球棒、和幼儿数量一样多的小球。

游戏玩法

1. 在山里住着一个农夫，他养了很多头猪，一天，他想把这些可爱的小猪拉到山下去卖，可是他刚一打开猪圈的门，小猪们就全跑了，农夫跑来跟李老师说，想请我们的小朋友帮帮忙把小猪都赶到他的车里去，你们愿意帮忙吗？

2. 在路上设置障碍，如垫子路、拱形门或小桥等，让幼儿尽量控制小球的方向，按要求走到目的地。

12 小羊去吃草

设计教师：李博

活动名称：小羊去吃草

适用班级：小班

游戏目标

1. 在情境游戏中能平稳控制自己的身体，提高平衡及协调能力。

2. 使幼儿喜欢参加集体游戏活动，感受运动过程中的乐趣。

游戏准备

1.《喜羊羊与灰太狼》音乐磁带、播放机。

2. 小桥、小草、小羊的胸卡。

游戏玩法

1. 教师用故事的形式引导幼儿：今天我们要扮演小山羊去草地上吃草，可是中间有一条深深的河，小羊们只有走过小桥才能吃到草呢。

2. 教师扮演村长带领幼儿来到小桥前，带领小羊走过小桥，跑到草地上找青草吃。

3. 总结动作要领，小结游戏。"小羊们还没吃饱呢，再去别的地方找点草吃，这里还有一条河……"教师带领幼儿观察这座小桥和前面的小桥有什么不一样。

4. 村长带领小羊走过弯曲的小桥，进行游戏，指导有困难的幼儿。

13 吹泡泡

设计教师：李博

活动名称：吹泡泡

适用班级：小班

1. 练习踮脚和下蹲的动作，发展幼儿的身体平衡能力。

2. 幼儿能遵守游戏规则，能和同伴愉快地合作。

活动场地有大圆圈的标记。

1. 幼儿和老师一起拉成一个圆圈。

2. 手拉手唱儿歌。"吹呀吹呀吹泡泡，吹成一个大泡泡。泡泡变大了 / 泡泡变小了 / 泡泡飞高了 / 泡泡飞低了 / 泡泡破了，嘭！"

3. 幼儿根据儿歌的内容变换圆圈的形状。当说到变大了就努力使圆圈变大，说到变小了就向前走使圆圈缩小。飞高了就一起抬起手，飞低了就全都蹲下去。泡泡破了就跳起来把手放开。

14 喂小动物

设计教师：田琨琨

游戏名称：喂小动物

适应班级：小班

游戏目标

1. 能够单手肩上向远、近、大、小不同的投掷目标进行击打。

2. 幼儿喜欢在情境游戏中体验投纸球的乐趣。

游戏准备

1. 经验准备：《小熊饿肚子》故事。

2. 物质准备：糖果球、小动物悬挂圈、场地、音乐、信。

情境准备

教师讲故事《小熊饿肚子》引出游戏："我收到一封'小熊'写给小朋友们的信，三只小熊饿肚子很久了，希望小朋友们帮帮它们，给它们送些好吃的糖果"，"你们本领大，一起拿着'糖果'去喂喂小熊吧。"

游戏玩法

请幼儿选择适合自己的投掷起点线后站好，拿着糖果球分别投给大熊（高）、中熊（中）和小熊（低）。教师与幼儿一起唱儿歌，唱完儿歌后幼儿自己选择不同高度的小熊目标物尝试进行投掷，投喂糖果多的幼儿可获得奖励贴。

指导建议

1.请幼儿根据自己的需求选择高度进行投掷活动。

2.目标物下坠大小不同的铜铃或铃铛，投掷完毕后给予幼儿不同的奖励贴。

游戏附图

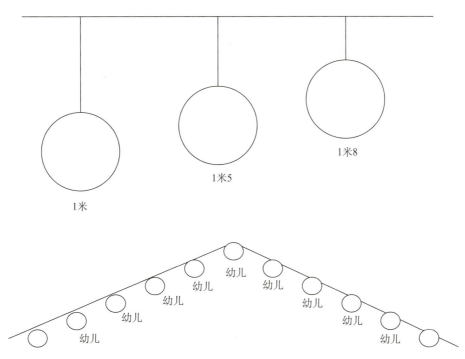

1米8

1米5

1米

幼儿 幼儿 幼儿 幼儿 幼儿 幼儿 幼儿 幼儿 幼儿

创编儿歌

小小糖果手中拿，

眼睛向着前边瞧，

举起小手向前投，

一起来喂胖胖熊。

15 猜猜我是谁

设计教师：田琨琨

游戏名称：猜猜我是谁

适用班级：小班

 **游戏目标**

1. 在游戏中尝试听口令快速做出相应的动作，提高动作的灵敏性。

2. 幼儿喜欢玩传统体育游戏，感受游戏带来的乐趣。

游戏准备

1. 经验准备：儿歌。

2. 物质准备：宽敞空地。

 **游戏玩法**

玩法一："我们都是小兔子"

1. 在游戏开始前，教师将游戏玩法介绍给幼儿。

2. 请一位小朋友扮演小老师，其他幼儿散落站在小老师身后。

3. 边唱儿歌边拍手学小兔跳向前行进，幼儿唱完儿歌的最后一句后随意做一个动作。

4. 小老师评选出一位最有创意的小朋友当下一次游戏的小老师。

玩法二："我们都是小汽车"

1. 在游戏开始前，教师介绍新游戏规则给幼儿，一位小朋友扮演小老师，其他幼儿散落在小老师身后。

2. 边唱儿歌边拍手向前走，当幼儿唱完最后一句后随意做一个关于小汽车的造型动作。

3. 小老师评选出一位最有创意或者最会听要求的小朋友当下一次游戏的小老师。

玩法三："猜猜我是谁"

1. 在游戏开始前，教师介绍新游戏规则给幼儿，一位小朋友扮演小老师，其他幼儿散落在小老师身后。

2. 边唱儿歌边模仿一种小动物向前走，当幼儿唱完最后一句后做一个关于行走时模仿的小动物的造型。

3. 老师来猜一猜小朋友模仿的是哪种小动物或者请幼儿自己介绍，说一说自己模仿的小动物的特点。

指导建议

1. 活动前引导幼儿将身体活动开，穿着舒适的鞋子和衣服。

2. 检查户外场地是否安全，及时清理掉落的树枝。

创编儿歌

1. 我们都是小白兔，一不说话，二不动，三不露出白牙齿，我们一起看一看，看谁的意志最坚定。

2. 我们都是小汽车，一不说话，二不动，我们一起看一看，看谁的意志最坚定。

游戏附图

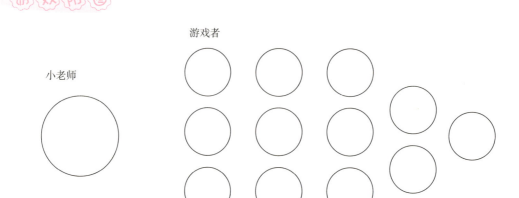

16 踢罐子

设计教师：王丽华

游戏名称：踢罐子

适用班级：大班

游戏目标

1. 学习向前跨跳的动作，练习身体的灵活性及敏捷性。

2. 喜欢参加体育活动，感受集体游戏带来的快乐。

游戏准备

1. 经验准备：有玩保龄球的经验。

2. 物质准备：罐子（可以用篮球或瓶子代替）。

游戏玩法

1. 场地中间画一个直径为 4 米的圈，选出两名幼儿作为保护罐子的小朋友，其他人负责踢罐子。

2. 音乐声开始后，圆外面的幼儿可以伸出脚去踢到圈里面的罐子，但要小心不要被保护罐子的小朋友摸到。而保护罐子的小朋友要小心从四周来踢罐子的同伴，不要让他们把罐子踢倒。

3. 音乐声结束后，罐子踢倒了，圈外面的小朋友获胜，反之，圈里面的小朋友获胜。

指导建议

1. 被摸到的小朋友不要再继续踢罐子。

2. 保护罐子的幼儿不要只顾眼前的人，要兼顾从四周过来的人。

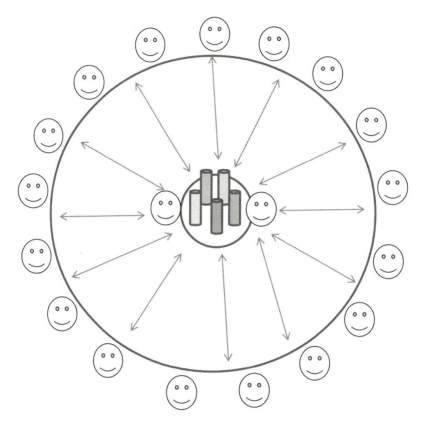

17 三个和尚

设计教师：王丽娇

游戏名称：三个和尚

适用班级：中班

游戏目标

1. 探索挑扁担时保持身体平衡的方法，提高幼儿身体的灵活性和协调性。

2. 幼儿有初步的合作能力，具有一定的克服困难的意志品质。

游戏准备

1. 经验准备：了解《三个和尚》的故事。

2. 物质准备：扁担、水瓶、水桶、装水的整理箱。

游戏玩法

1. 幼儿分成两组，每组一根扁担，进行单人挑水比赛。

2. 幼儿分成两组，两人模仿两个和尚合作抬水。

3. 每三人一组，自由发挥想象，利用大桶怎么取水（三人轮流、每两人抬着轮流或三人一起抬）？

指导建议

1. 挑水、抬水的时候，幼儿体验水桶在不同位置时，挑扁担的不同感受。

2. 对于有困难的幼儿在初次使用扁担的时候可能会出现水桶的倾斜、洒水的问题，及时给予帮助。

游戏附图

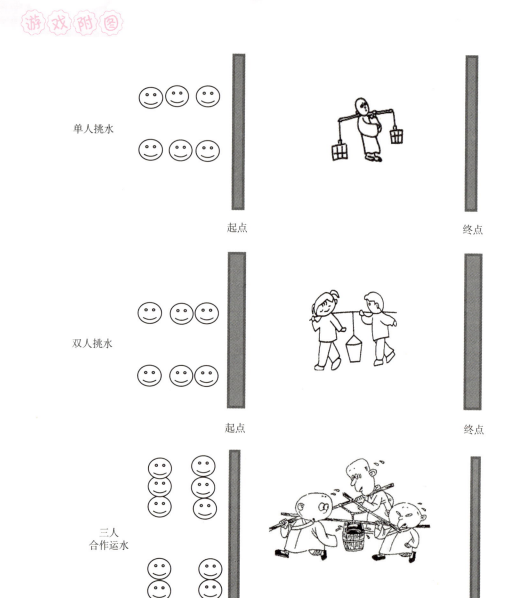

单人挑水　　　　　　　　起点　　　　　　　　　　终点

双人挑水　　　　　　　　起点　　　　　　　　　　终点

三人
合作运水　　　　　　　　起点　　　　　　　　　　终点

18 花样跳竹竿

设计教师：吴爽

游戏名称：花样跳竹竿

适用班级：大班

游戏目标

1. 初步尝试用新的方法跳竹竿，能想办法解决活动中遇到的困难。

2. 体验不同形式的体育游戏形式，感受黎族体育舞蹈的魅力。

材料准备

1. 经验准备：幼儿会基本的跳竹竿玩法。

2. 物质准备：长竹竿 6 根、音乐伴奏带、录音机。

游戏玩法

1. 选出 6 名幼儿敲竿，其他幼儿跳竹竿。

2. 在音乐的伴奏下，敲竿的小朋友按照："开—合—开—合—开开—开合"的节奏进行跳竹竿活动，跳杆的幼儿可以按照两人合作拍手跳、转身跳等新的方法跳竹竿。

3. 跳完的小朋友从敲竿的小朋友身边绕回，排在队尾，继续游戏。

指导建议

刚开始进行新的动作时，老师提示敲竿的小朋友要放慢节奏，等跳竿的小朋友逐渐熟练动作后再加快敲竿速度。

游戏附图

19 投雷手

设计教师：吴爽

游戏名称：投雷手

适用班级：大班

游戏目标

1. 练习单脚跳和双脚跳，增强腿部肌肉力量及身体的平衡性。

2. 幼儿学习能够根据情况而进行躲闪的技能。

游戏准备

10 米、20 米平整的塑胶场地、皮球一个、得分卡若干枚。

游戏玩法

1. 幼儿集体拉成一个大圆圈后，选出一个或两个投雷手拿好一个皮球站在圆圈的中央，其他小朋友充当小战士。

2. 游戏开始后，投雷手开始把皮球放到地上滚向小朋友。其他人单脚或双脚跳着躲闪皮球。

3. 被雷击中的小朋友要跑到一边（医疗室）进行养伤，投雷手继续寻找目标。

4. 当小战士被击中一定数量后，游戏结束。

指导建议

1. 小战士必须等到儿歌唱完后才能开始游戏。

2. 小战士如果没有按照要求单脚跳或双脚跳，按违反军令处置（到养伤室休息）。

3. 只能在规定的场地进行游戏。

4. 投雷手只能将皮球贴近地面滚过去，不能让球弹起来。

5. 没有被投雷手击中的小战士算获胜的一方，游戏继续进行。

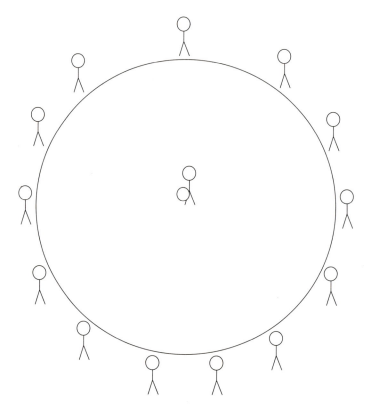

20 星球大战

设计教师：吴爽

游戏名称：星球大战

适用班级：大班

游戏目标

1.学习转体—蹬腿—从肩上快速挥臂的连贯动作。

2.幼儿愿意参与集体游戏活动，敢于进行自我挑战。

游戏准备

1.经验准备：幼儿有扔纸飞机的游戏经验。

2.物质准备：幼儿人手一个沙包。

游戏玩法

1.全体小朋友每人手持一个沙包站在线后准备好。

2.老师告诉小朋友："你们每个人都是一名勇敢的星球战士，要将手中的武器弹（沙包）投向远处的小行星（火星、金星、木星），从而消灭那些行星上的外星人。

3.离大家最近的小椅子代表的是火星，其次是金星，最远的代表木星。小朋友把武器弹扔得超过哪颗行星，就可以到相对应的小椅子上拿一颗小星星贴在自己的身上，证明你消灭了一个外星人。

4.最近的行星得到最小的星星，相反，如果你投到最远的行星上，就可以得到最大的星星。

5.最后看哪个小朋友得到最多最大的星星，以此鼓励幼儿往高往远处投。

1. 老师可以在离孩子 2~3 米远的地方拉起一个网子，鼓励孩子们要往高往远投，也可以以此作为一个错误控制，如果投球的角度不对，孩子就会往地面上砸球，球也就不会过网。

2. 鼓励得到小星星的孩子们要往远投球，争取得到大星星。

3. 为了鼓励幼儿向高处投球，不砸地，可在幼儿前面一定距离处悬挂一个用纸箱做的大铃铛，引导幼儿向大铃铛处投球，鼓励他们勇于向更远处投球，敢于挑战自己。

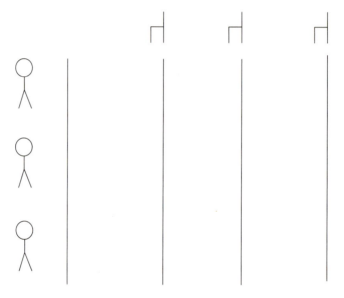

21　小袋鼠送货

设计教师：须妍

游戏名称：小袋鼠送货

适用班级：大班

游戏目标

1.愿意尝试探索双脚跳过一定高度和宽度障碍的动作技能，体验运动时双脚加紧和落地屈膝的动作，提高身体协调性。

2.幼儿愿意参与双脚连续跳的游戏活动，感受合作游戏带来的快乐。

游戏准备

1.经验准备：有穿弹跳鞋游戏的经验。

2.物质准备：弹跳鞋、单元筒、体能棒、百变条、呼啦圈、粘球衣球。

游戏玩法

幼儿扮小袋鼠分4队，穿着弹跳鞋站在起始线后。开始后，跳过高矮不一、宽窄不一的小路到对面白线，从框中拿起一个软球当桃子，单手投掷到小猴家，把桃子送给小猴子。拿着弹跳鞋跑回起点拍下一人的手进行接力，哪队先完成哪队获胜。

指导建议

1.检查院落是否存在安全隐患。

2.游戏时如遇危险提示幼儿松开把手、双手撑地保护自己不受伤。

3.排队的幼儿必须等前面幼儿返回击掌后才出发。

小猴子家

起始线2

粘球衣软球（桃子）

呼啦圈　　　　体能棒　　　　百变条　　　　单元筒

起始线1

22 田地小卫士

设计教师：杨毅

游戏名称：田地小卫士

适用班级：小班

游戏目标

1. 幼儿通过练习单臂过肩的投掷动作，增强上肢肌肉的力量，促进动作的协调发展。

2. 幼儿感受体育活动的兴趣性，体验帮助别人的快乐。

游戏准备

纸球、沙包若干、老鼠图片 8 张、纸箱 6 个。在投掷线前 2 米处的空间拉一条 1.5~1.8 米高的与投掷线平行的绳子，设置红色安全线。

游戏玩法

玩法一：

打固定靶的田鼠（练习时重点指导幼儿单臂过肩的动作）。

玩法二：

打移动靶（由教师扮演"田鼠"，可根据幼儿现场的投掷情况及时调整投掷距离，从而调动幼儿的投掷积极性，增强游戏性）。

指导建议

1. 针对投掷物掉地的现象，引导幼儿向前上方投掷。

2. 幼儿掌握固定目标的投掷后进行第二种玩法——移动目标的投掷。

游戏附图

玩法一：固定目标

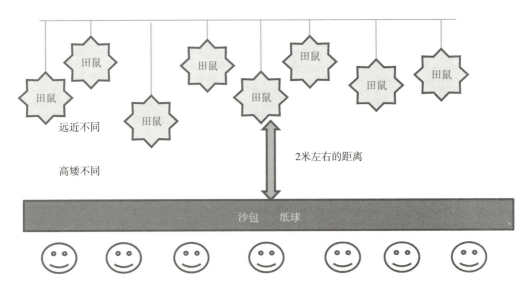

玩法二：可移动目标

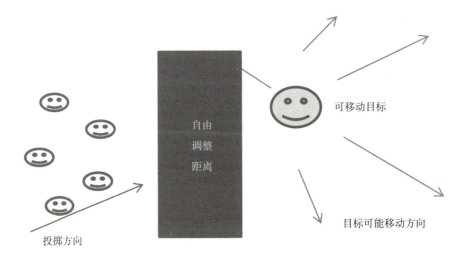

23 红灯绿灯小白灯（2）

设计教师：张婉婷

游戏名称：红灯绿灯小白灯

适用班级：大班

游戏目标

1. 练习追逐跑、提高躲闪的灵敏性及身体的控制能力。

2. 能听指令做出相应的动作、遵守游戏规则。

游戏准备

1. 经验准备：会玩"红灯绿灯小白灯"的游戏。

2. 物质准备：纱巾。

游戏玩法

首先规定游戏的范围。一名或两名幼儿站在游戏范围的中间，用纱布蒙住眼睛。其他幼儿在规定的范围内分散站开。游戏开始，幼儿一起边唱儿歌边绕着走："红灯绿灯小白灯，你要什么灯？"说完之后，被蒙眼睛的幼儿说一种灯。红灯代表停、绿灯代表走、白灯代表双脚跳。幼儿做出相应的动作，被蒙眼睛的幼儿去捉人。被蒙眼睛的幼儿可以随时换灯，当捉到一名幼儿时，要猜出他的名字才算数。被捉到的小朋友如果被猜出名字，先下场休息，等捉到五名小朋友后，重新游戏。先被捉到的一名或者两名幼儿被蒙上眼睛，游戏重新开始。

怎样才能不被捉到？要遵守游戏规则，不能擅自走动、乱跑。不能跑出游戏的规定范围。

第一张：一名或两名幼儿站在游戏范围的中间，用纱布蒙住眼睛。其他幼儿在规定的范围内分散站开。

第二张：被蒙眼睛的幼儿说一种灯。红灯代表停、绿灯代表走、白灯代表双脚跳。幼儿做出相应动作，被蒙眼睛的幼儿去捉人。

第三张：被蒙眼睛的幼儿可以随时换灯，其他幼儿躲避被捉到。

第四张：当捉到一名幼儿时，要猜出他的名字才算数。被捉到的小朋友如果被猜出名字，先下场休息。

24 跳皮筋小皮球

设计教师：张婉婷

游戏名称：跳皮筋小皮球

适用班级：大班

游戏目标

1. 能用不同方法有节奏地跳皮筋，提高身体的协调能力。

2. 有合作游戏的意识，感受民俗体育游戏的愉快。

游戏准备

1. 经验准备：会原始的跳皮筋方法。

2. 物质准备：长皮筋、节奏鲜明的音乐。

游戏玩法

变化撑皮筋的形状，由两个人变成三个或四个人，幼儿平均站开边跳边说儿歌，"小皮球（右脚迈过皮筋点地一下后收回），香蕉梨（右脚迈过皮筋点地一下后收回），马兰开花二十一（顺时针跑到另外一侧皮筋或者原地做一些简单动作）"，接着唱儿歌，跳同样的动作。第二遍由单一的点地变化成不同的动作，如"小皮球（点一下地，踩一下皮筋），香蕉梨（点一下地，踩一下皮筋）"，然后顺时针拍手跑到另一侧，再继续。

游戏附图

第一遍变化撑皮筋的形状，由两个人变成三个或四个人，幼儿平均站开，边跳边说儿歌"小皮球（右脚迈过皮筋点地一下后收回），香蕉梨（右脚迈过皮筋点地一下后收回），马兰开花二十一（顺时针跑到另外一侧皮筋或者原地做一些简单动作）"，接着唱儿歌，跳同样的动作。

第二遍由单一的点地变化成不同的动作，如"小皮球（点一下地，踩一下皮筋），香蕉梨（点一下地，踩一下皮筋）"，然后顺时针拍手跑到另一侧，再继续。

原始玩法

两名幼儿撑皮筋，其他幼儿排成一纵队，幼儿一起唱《小皮球》的儿歌："小皮球（右脚迈进一根皮筋颤膝点地），香蕉梨（右脚迈进一根皮筋颤膝点地），马兰开花二十一（并步，跨到皮筋另一侧）。二五六（左脚迈进一根皮筋颤膝点地），二五七（左脚迈进一根皮筋颤膝点地），二八二九三十一（并步，跨回原位）……

25 老狼老狼几点了

设计教师：章楠

游戏名称：老狼老狼几点了

适用班级：小班

 **游戏目标**

1. 能够听信号四散跑，提高快速反应能力和身体的灵敏性。

2. 感受民俗体育游戏的趣味性。

 **游戏准备**

灰太狼头饰1个。

 **游戏玩法**

请一名幼儿或者老师扮演灰太狼，站在最前面，其余的幼儿距离老狼5米左右，游戏开始，扮小羊的幼儿齐声问："老狼老狼几点了，老狼背向幼儿并回答几点，但老狼在回答时其余幼儿不能停下不动，而老狼也不能回头，如老狼回答到12点时，其余小朋友四散奔跑，被老狼抓住的幼儿退出游戏。游戏可进行若干次。

 **指导建议**

四散跑和躲闪过程中注意安全。

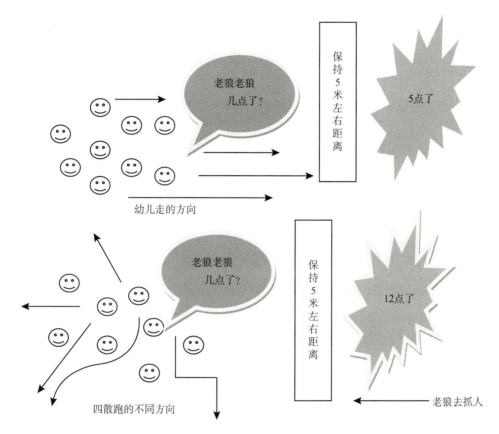

26 小猴学样儿

设计教师：赵东颖

游戏名称：小猴学样儿

适用班级：小班

 **游戏目标**

1. 幼儿喜欢在情境游戏中准确模仿动物相应的动作，提高身体的灵活协调性。

2. 愿意与同伴参与集体体育游戏，与同伴共同分享游戏的快乐。

游戏准备

1. 经验准备：了解动物的主要特征。

2. 物质准备：小猴子胸贴（或头饰）。

游戏玩法

幼儿伴随儿歌的节奏模仿出动物的动作。教师根据幼儿动作技能的发展现状与学习特点，灵活运用儿歌创编出不同类型的动作，引导幼儿跟随模仿（其中动作要以重点练习手臂力量、挥臂动作、肩部动作、腰部动作及腿部动作等技能为主），为整体的动作练习提供一定的动作经验准备与前期体验准备。

指导建议

将幼儿分组，由两位教师分别做出难易不同的动作，引导两组幼儿进行游戏活动。

 **创编儿歌**

小猴子，真顽皮（一起共同拍手动作）。

跳上跳下心欢喜（做向上跳、向下蹲的动作），

见到人来学动作（双手向上伸出，点压脚跟，同时半臂平抬抱肩）。

伙伴一起做游戏（重复动作一次），

聪明小猴跟我做（双手在身体左右做拍手动作），

洗洗小脸咪咪笑（此时教师做出洗脸动作，请幼儿进行动作模仿）。

27 会看家的小猫

设计教师：赵雅静

游戏名称：会看家的小猫

适用班级：中班

游戏目标

1. 能在双脚跳跃与躲闪的游戏过程中提高身体灵活协调性。

2. 敢于挑战困难，乐于参加情境体育游戏并与同伴分享。

游戏准备

1. 经验准备：会玩在场地中间将皮筋拉成内外双正方形（里圈小正方形，外圈为大正方形），另一组幼儿扮演小猫站在双正方形的中间准备；第三组幼儿扮老鼠在大正方形圈外准备。

2. 物质准备：皮筋、猫和老鼠的动物头饰、方形的活动场地。

游戏玩法

1. 小老鼠听到信号伺机双脚跳进外圈内活动，并趁机用脚勾动内圈的皮筋，同时要注意躲避小猫的"捕捉"。

2. 扮演小猫的幼儿在双正方形中间迂回活动，阻止老鼠进入圈内勾到内圈的皮筋。

3. 游戏中，老鼠成功躲避小猫的"捕捉"，双脚跳进外圈并用脚勾动内圈的皮筋为胜利，被小猫"捕捉"则为失败。

场地要求平整。

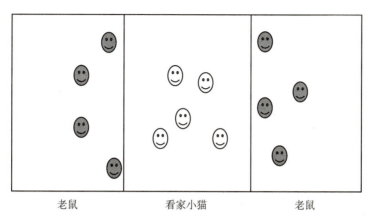

老鼠　　　　　　看家小猫　　　　　　老鼠